本书系国家社科基金一般项目（22BGL203）成果

低碳科技创新联合体组织模式与投资策略研究

刘 峥 胡 斌 ◎ 著

图书在版编目(CIP)数据

低碳科技创新联合体组织模式与投资策略研究/刘峥,胡斌著.
—上海:上海财经大学出版社,2024.1
ISBN 978-7-5642-4268-8/F.4268

Ⅰ.①低… Ⅱ.①刘…②胡… Ⅲ.①低碳经济-关系-高技术企业-组织管理-管理模式-研究②低碳经济-关系-高技术企业-投资决策-研究 Ⅳ.①F276.44

中国国家版本馆CIP数据核字(2023)第199518号

□ 责任编辑　杨　闯
□ 封面设计　张克瑶

低碳科技创新联合体组织模式与投资策略研究

刘　峥　胡　斌　著

上海财经大学出版社出版发行
(上海市中山北一路369号　邮编200083)
网　　址:http://www.sufep.com
电子邮箱:webmaster@sufep.com
全国新华书店经销
上海华教印务有限公司印刷装订
2024年1月第1版　2024年1月第1次印刷

710mm×1000mm　1/16　12.75印张(插页:2)　195千字
定价:68.00元

前　言

实践"碳达峰、碳中和"战略对于我国提升低碳科技创新能力提出了更高要求。组建创新联合体是打赢关键核心技术攻坚战、促进产业转型的重要途径,但由于低碳科技创新联合体成员认识不一,权责利约定不够明确,短期收益和市场回报不明显,难以形成合力。探索构建低碳科技创新联合体并推动其有效运行,能够将各主体联系起来,释放强劲的发展动力,实现重点项目协同和研发活动一体化,有效带动整个创新链上下游企业的低碳创新能力,实现关键核心技术的突破,从而提升低碳科技创新水平与创新效率。

本书聚焦"双碳"目标下的低碳科技创新联合体组织模式与投资策略问题。首先,梳理低碳、科技视角下创新联合体的相关理论和文献,分析低碳科技创新联合体的组织模式、投资研发模式以及运行机制,提出低碳科技投资的现状和影响因素;其次,在此基础上,分别对投资研发策略和投资激励策略进行研究;最后,通过在不同企业的应用实践,提出低碳科技创新联合体的实施路径与投资策略建议。

本书共分为六个部分:第一部分为研究概述及文献综述,对本书的研究意义和相关理论与文献做了简要概述;第二部分为组织模式与运行机制,厘清了低碳科技创新联合体的组织与投资模式,概述了低碳创新联合体的运行机制,明确了低碳科技投资的发展现状和主要问题;第三部分与第四部分分别从投资研发和投资激励角度研究低碳科技创新联合体的投资策略;第五部分着眼于实际案例分析,以蔚来新能源汽车、长安新能源汽车与比亚迪汽车为例研究低碳科技创新联合体的孵化实践;第六部分为对策建议,提出了低碳创新联合体的实施路径,从政府、企业、高校以及科研机构等视角提出低碳科技创新联合体的培育对策,并对研究进行了总结和展望。

针对低碳科技创新联合体的组织模式与投资策略,本书通过基础理论研究、应用理论研究以及行业应用研究对低碳创新联合体的投资和孵化策略进行了分

析,并得出以下结论与建议:

(1)低碳科技创新联合体应根据项目需求、成员参与意愿和专业能力进行合作模式选择。绝大多数联合体在实践中往往会采取不同模式的组合形式来实现长期创新目标。对契约型、股权型、功能型、研发型等组织模式可据现实情境与长期发展需求,灵活组合,形成不同组织模式的优势互补。

(2)考虑低碳技术对政府政策、多元资本的高度依赖,注重新兴绿色低碳技术创新与研发动态,超前部署具有产业变革趋势的战略先导和交叉前沿研究项目,与高校、研究机构和相关企业等开展合作,实现技术创新和共同攻关,提高技术水平和产品竞争力。

(3)充分发挥各方优势,加强协同创新。在联合体的孵化实践中,面对产业链拉长,"网状生态"格局将持续加深,多元、协同、互补、融合等发展特点将更加凸显。产业的共性技术和交叉难点还有很多不确定性,单靠一己之力很难突破。

(4)革新孵化模式,加速科技成果转化。低碳科技创新联合体的孵化实践中,蔚来、长安以及比亚迪采用了共享实验室、联合研发、专项基金等多种创新孵化模式,引进高端人才并加速科技成果转化。因此,低碳科技创新联合体的孵化实践需要不断革新孵化模式,加快技术成果的应用和转化。

(5)引入多元化投资,推进企业生态发展。在低碳科技创新联合体的孵化实践中,蔚来、长安以及比亚迪将合资公司作为孵化实践的主要载体,同时引入了多元化的投资,以推进企业的生态发展。因此,低碳科技创新联合体的成功孵化需要引入多元化的投资,促使企业在技术研发和市场拓展等方面获得更多的资源和支持,实现创新成果的最大化。

(6)建立合理的分配机制与风险共担机制,增大政府对研发的投入力度,合理分配低碳科技创新产出权益。创新联合体中的各企业应该在入股时就明确约定好其所参与的项目对应的创新产出权益,再在项目创新成果实现后按照约定的权益比例进行分配,激励参与创新的企业积极投入,同时增大联合体成员之间的互信。

(7)从政府补贴效果来看,与无补贴相比,成本补贴与产品补贴条件下的碳减排率、领军企业利润与零售商利润均高于无补贴的状况。政府对碳减排提供补贴,增加了企业资金流入,降低了低碳科技投资成本,企业愿意通过投资低碳科技的形式来降低碳排放量。因此,政府提供补贴时,领军企业碳减排率与利润均呈现上升趋势。

(8)从融资效果来看,当领军企业选择银行融资时,在绿色信贷政策的支持下,针对碳减排贷款,商业银行提供一定的贷款利率折扣,贷款利率折扣越大,对企业的激励作用越强,投资低碳科技付出的成本越少,产品碳减排率和领军企业的利润也相应地随着贷款利率折扣的增加而升高;当领军企业选择零售商融资时,领军企业的利润随着还款利率的提高而降低,投资的低碳科技水平越高,付出的投资成本越高,偿还利息也越高。因此,企业为了保证一定的利润收入,不会盲目选择高碳减排科技水平,而是会根据企业具体情况灵活选择贷款额度。

目录
Contents

第一部分　研究概述及文献综述

第 1 章　绪论/3
1.1　研究背景/3
1.2　研究意义/6

第 2 章　理论基础与文献综述/9
2.1　理论基础/9
2.2　文献综述/14
2.3　研究述评/25
2.4　本章小结/26

第二部分　组织模式与运行机制

第 3 章　低碳科技创新联合体的组织与投资研发模式/29
3.1　组织模式/29
3.2　投资研发模式/31
3.3　本章小结/33

第4章　低碳科技创新联合体的运行机制/34

4.1　风险分担机制/34

4.2　信用维持机制/34

4.3　资源共享机制/35

4.4　利益保障机制/35

4.5　绩效评价机制/35

4.6　经费保障机制/36

4.7　本章小结/36

第5章　低碳科技投资现状及影响要素研究/37

5.1　低碳科技发展现状/37

5.2　低碳科技投资现状/38

5.3　低碳科技投资的影响要素分析/40

5.4　本章小结/44

第三部分　投资研发策略

第6章　低碳科技创新联合体投资研发策略研究/47

6.1　背景描述与基本假设/47

6.2　模型构建与最优投资时机分析/48

6.3　算例分析/51

6.4　本章小结/56

第7章　低碳科技创新联合体单阶段投资研发策略研究/57

7.1　背景描述和基本假设/57

7.2　科技领军企业低碳科技投资净现值/58

7.3　引入模糊理论的科技领军企业低碳科技投资项目净现值/59

7.4　模糊实物期权定价模型/60

7.5 算例分析/61

7.6 本章小结/63

第 8 章 低碳科技创新联合体多阶段投资研发策略研究/64

8.1 背景描述与基本假设/64

8.2 科技领军企业低碳科技投资净现值/65

8.3 低碳科技项目复合实物期权模型构建/66

8.4 低碳科技项目模糊复合实物期权模型构建/67

8.5 算例分析/69

8.6 本章小结/72

第四部分 投资激励策略

第 9 章 无融资条件下低碳科技创新联合体投资策略研究/75

9.1 背景描述与基本假设/75

9.2 参数设置/76

9.3 模型构建与求解/77

9.4 数值算例与仿真/88

9.5 本章小结/93

第 10 章 外部融资条件下低碳科技创新联合体投资策略研究/94

10.1 背景描述与基本假设/94

10.2 参数设置/95

10.3 模型构建与求解/96

10.4 数值算例与仿真/107

10.5 本章小结/113

第 11 章　内部融资条件下低碳科技创新联合体投资策略研究/114

11.1　背景描述与基本假设/114

11.2　参数设置/115

11.3　模型构建与求解/116

11.4　数值算例与仿真/128

11.5　本章小结/134

第五部分　案例应用

第 12 章　低碳科技创新联合体孵化实践——蔚来新能源汽车/137

12.1　背景介绍/137

12.2　现状及问题/138

12.3　场景应用/140

12.4　实践启示/143

12.5　本章小结/144

第 13 章　低碳科技创新联合体孵化实践——长安新能源汽车/146

13.1　背景介绍/146

13.2　现状及问题/147

13.3　场景应用/149

13.4　实践启示/153

13.5　本章小结/154

第 14 章　低碳科技创新联合体孵化实践——比亚迪汽车/155

14.1　背景介绍/155

14.2　现状及问题/156

14.3　场景应用/157

14.4　实践启示/160

14.5 本章小结/161

第六部分　对策建议

第15章　低碳科技创新联合体实施路径与投资策略建议/165

15.1　低碳科技创新联合体的实施路径/166

15.2　低碳科技创新联合体的培育政策/171

15.3　低碳科技创新联合体的投资策略建议/175

15.4　本章小结/178

第16章　研究总结与展望/179

16.1　研究总结/179

16.2　研究展望/183

16.3　本章小结/184

参考文献/185

第一部分

研究概述及文献综述

第 1 章 绪 论

1.1 研究背景

工业革命以后,化石能源消耗量显著增加,能源的过度使用导致二氧化碳排放量逐年升高,气候变化等问题日益凸显,严重影响了人类日常的生产与生活活动,引起了各国各行业的高度重视。近年来,全球二氧化碳排放量逐年升高,根据国际能源署发布的最新报告,2022 年全球与能源相关的二氧化碳排放量超过 368 亿吨,增幅大致为 0.9%。温室气体排放量的增加引起了温度升高、海平面上升等一系列环境问题。联合国政府间气候变化专门委员会(IPCC)在发布的《气候变化 2021:自然科学基础》报告中指出,2011—2020 年全球表面温度要比 1850—1900 年暖 1.09℃;在《气候变化 2022:减缓气候变化》中指出,如果全球碳排放量在 2025 年达到峰值,在 2030 年前比 2010 年减少 43%,则还有一半的可能将气温升高控制在 1.5℃以内;在最新发布的《气候变化 2023》中指出,全球气温已经比前工业化时代高出 1.1℃,这导致极端天气事件愈加频繁和强烈,使全球各个地区的自然和人口日益陷入危险之中(见图 1—1)。随着气候变暖加剧,粮食问题和水安全问题将会日益严峻。二氧化碳排放量增加、全球气候变暖等问题越来越突出,引起了各国政府的关注。从 1992 年的《联合国气候变化公约》、1997 年的《京都议定书》到 2015 年的《巴黎协定》,各国积极为碳减排贡献自己的力量。我国在 2020 年第七十五届联合国大会一般性辩论上宣布,我国的二氧化碳排放力争于 2030 年前达到峰值,努力争取 2060 年前实现碳中和,这一目标的确定标志着我国正式进入了节能降碳的新时代。

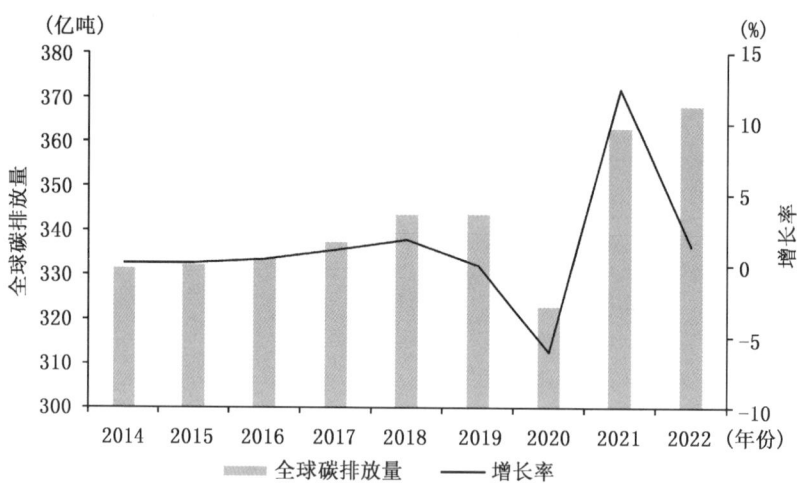

图 1—1　2013—2022 年全球碳排放总量变化趋势

实现碳达峰与碳中和,是我国做出的重大战略决策,是推动实现高质量发展的内在要求,对于我国节能降碳、提升低碳科技创新能力提出了更高要求。碳排放量最高的当属高耗能行业。作为我国的基础性产业,高耗能行业对我国经济的增长做出了很大贡献。高耗能行业具有高能耗、高排量、高污染的特征,虽然高耗能行业得到了较快的发展,但同时也给生态环境造成了巨大的破坏。目前,高耗能行业的发展仍处于扩张阶段,其在拉动经济增长的同时,也消耗了大量的高污染化石能源,致使生态环境破坏日益严重。环境恶劣、气候变化等问题的出现迫使高耗能企业投资低碳科技,推动节能降碳技术改造,对企业生产制造过程进行改良升级,减少二氧化碳排放,走低碳发展道路迫在眉睫。推动高耗能行业实现碳减排,是经济绿色低碳转型的重要一环,而这需要我们结合低碳科技创新能力去实现。为落实《关于强化能效约束推动重点领域节能降碳的若干意见》,开展高耗能企业低碳技术应用,减少高排放、高污染项目发展,国家发展改革委等部门发布了《高耗能行业重点领域能效标杆水平和基准水平(2021 年版)》,奋力推动高耗能行业节能降碳工作。国家发展改革委等 4 部门还联合发布了《高耗能行业重点领域节能降碳改造升级实施指南(2022 年版)》,对钢铁、有色金属冶炼等行业,提出了低碳技术与设备改造方向和目标,对 17 个行业的碳减排工作进行指导。节能无止境,降碳不停步。据悉,国家发展改革委联合有关部门研究起草了《工业重点领域能效标杆水平和基准水平(2023年版)》,在2021年版明确钢铁、有色、石化、化工、建材5个重点行业25个重点领域能效水平的基础上,进一步拓展了印染、化纤、造纸3个行业,并增加了乙二醇、尿素等11个重点领域能效水平。高耗能企业投资采用低碳科技是降低碳排放量、转变产业发展方式、实现经济绿色可持续发展的重要途径。"十四五"时期是我国实现碳达峰目标的关键期,这一时期的一项重要任务就是要推动低碳科技的研发与使用,抓住绿色转型带来的巨大发展机遇,加快建设绿色低碳现代产业体系,突出科技创新的核心地位,推动产业绿色化、低碳化。目前低碳科技还存在体制机制、构建思路、创新路径、发展理论不完善等问题,而且市场以及技术进步具有的不确定性也给企业转型路径选择带来了较多障碍,加上低碳科技投资项目周期跨度大、投入资金量大、回报周期长且具有不可逆性,这些都使项目投资风险变大,这就要求企业在投资时以收益最大化为目标,掌握政策发挥作用的机理,获取最大的经济与环境效益。在全球低碳发展的大背景下,必须要通过开发利用低碳科技来转变生产方式,利用清洁能源,以低碳科技创新为引领,通过政府减排政策以及市场机制激励碳排放重点部门投资低碳科技,破解环境约束难题。组建创新联合体则是打赢关键核心技术攻坚战、促进产业转型的重要途径。党的二十大报告要求我们深入实施科教兴国战略、人才强国战略、创新驱动发展战略。事实上,产学研用的深度融合有助于科研力量、资金资源等创新要素的整合,更加顺畅地打通低碳创新过程的上中下游各环节,形成推进科技创新的协同合力。为此,我们需要构建问题导向、政府扶持、企业主体、高校和科研机构支撑的产学研用深度融合低碳技术创新体系。在这一体系中,解决问题引导低碳技术创新,需要面向问题解决关键核心和"卡脖子"技术难题,加速成果转化进程,推动低碳创新新业态新模式的发展。企业是低碳技术创新的主体,应充分发挥龙头骨干企业作用,广泛联合产业上下游企业,开展关键核心技术研发和产业化应用,提升以龙头企业为核心的产业集群竞争力。政府是低碳技术创新的推动者,通过出台政策支持技术创新和研发,主导建立相关机制,创新科研管理和评价激励制度,激发市场主体和科研机构积极性,重点解决共性技术问题,推动产业基础高级化和产业链现代化。高校和科研机构是科学研究和技术创新的重要阵地,高校应充分发挥学科和人才优势,实现校企教学、科研、服务、实习、就业全方位一体化合作,为企业和产业发展提供科技和人才支撑。无论是企业、政府、高校,还是科研机构,都需要从产业链、创新链、资金链、利益链、人才链、生态链等方面深度融合,形成协同创新体系。组建低碳科技创新联合体也可以使高耗能企业联合其他企业、科研机构、高校等共同发力,协力实现高耗能企业的节能降碳,在碳减排的同时提升创新联合体的低碳科技创新效率,努力解决核心技术"卡脖子"等问题。

由于低碳科技创新联合体成员认识不一,权责利约定不够明确,短期收益和市场回报不明显,难以形成合力,因此我要探索构建低碳科技创新联合体并推动其有效运行,将各主体联系起来,释放强劲的发展动力,实现重点项目协同和研发活动一体化,有效提升整个创新链上下游企业的低碳创新能力,实现关键核心技术的突破,从而提高低碳科技创新水平与创新效率。当前,以领军企业主导的低碳科技创新联合体尚处于探索阶段,政府引导方式比较单一,权责利约定不够明确,区域结构发展不均,联合体主体认识不一,在制定行业标准、攻坚关键技术等方面意愿不足。为此,本书重点聚焦领军企业主导下的低碳科技创新联合体,从动态视角研究各参与方在联合体不同发展阶段的决策选择,揭示多元主体深度融合的低碳科技创新联合体组织模式,探索领军企业牵头组建低碳科技创新联合体的跨界协同过程,从支持、研究与应用三个维度提出低碳科技实施路径,并从政府、企业与高校和科研院所三个视角提出相应培育政策,破解低碳科技创新协同发展难题。

1.2 研究意义

为实现我国"双碳"目标,推动经济向绿色低碳发展,我们应组建低碳创新联合体,强化企业间合作,促进跨行业、跨企业、跨领域的协同创新,促进技术创新的共享和互通;优化企业资源配置,加强产业链上下游的合作,通过共享资金、共享研发设施、共享技术等方式降低生产成本,提高企业效益。高耗能企业也必须承担起社会责任,主动采取措施降低二氧化碳排放量。组建低碳科技创新联合体有助于高耗能企业实现资源共享、协同创新、提高创新能力、促进产业链协同和低碳转型等。使用低碳科技可以使企业持续低碳发展,从长远看,一次性投入成本后,后续较长时间都可获得一定的经济效益与环境。通过共同研究低碳技术、开展技术示范等活动,可以促进政府低碳发展政策的制定和实施,促进可持续发展。

组建低碳科技创新联合体,厘清低碳科技投资决策机制,对推动我国经济绿色转型与可持续发展,具有重要的理论价值和实践意义。

1.2.1 理论意义

本书尝试解决低碳科技创新回报周期长、组织激励不足等问题。本书通过研究低碳科技创新联合体协同创新的内涵与必要性,厘清低碳科技创新联合体中各主体之间的逻辑关系,提出适合低碳科技创新联合体的组织模式,并以新能源汽车为例,探索领军企业牵头组建低碳科技创新联合体的跨界协同过程。以上研究对于丰富和完善科技创新联合体运行理论、组织形式和协作机制具有重要的理论意义。

首先,本书丰富了低碳科技投资优化理论。使用低碳科技是控制企业碳排放的重要手段,考虑政府政策以及市场因素对投资决策的影响,同时考虑我国碳补贴与融资策略,构建 Stackelberg 博弈模型,为低碳化发展提供理论借鉴。其次,丰富了企业低碳管理理论体系。低碳科技具有投资成本高、回报周期长、不可逆等特点,属于高风险项目。因此,管理者在投资之前需要进行全面的评估,了解各因素之间的内部逻辑和相互作用机制。本书将碳减排补贴、碳交易、碳税、绿色信贷利率等政策因素,消费者低碳偏好等市场因素以及资金约束等企业内部因素纳入企业管理决策体系中,为企业提供了更加科学的决策模型,使企业的投资决策更具合理性。

1.2.2 现实意义

低碳科技创新联合体可以有效提升各主体协同创新的发展水平,促进各主体间的协调发展和共同提升,形成以领军企业为主导低碳科技创新联合体为载体的创新布局。在研究低碳科技创新联合体的内涵和必要性的基础上,本书提出了相应的组织模式、发展路径和培育政策,有利于提升我国低碳科技创新的创新水平、创新效率，助力"双碳"目标实现。

以低碳科技创新联合体投资策略研究为切入点研究我国科技投资应用具有重要的现实意义。首先，本书从政府、企业、市场、高校、科研机构等多角度分析低碳科技投资影响因素，厘清各影响因素之间的内部作用机制，提出针对低碳科技的多种投资策略，在对多种策略对比分析的基础上，帮助政府、企业在多种情景下选择最有利的投资方式。其次，本书构建的企业碳减排科技投资优化理论能为政府部门制定细致的碳减排、科技投资措施等提供决策依据，为处于低碳转型发展的企业管理者制定科学合理的低碳科技投融资策略提供优化方法，激励低碳转型企业创新和投资低碳科技，协助低碳转型企业进行绿色转型升级，切实推动我国经济绿色可持续发展。

第 2 章　理论基础与文献综述

2.1　理论基础

2.1.1　协同创新理论

协同创新是以知识增值为核心，企业、政府、知识生产机构和中介机构等为了实现重大科技创新而开展的大跨度整合的创新模式。协同创新通过国家意志的引导和机制安排，促进企业、大学、研究机构发挥各自的能力优势，整合互补性资源，实现各方的优势互补，加速技术推广应用和产业化，协作开展产业技术创新和科技成果产业化活动，是当今科技创新的新范式。

1. 协同创新的概念

"协同创新"是指通过创新资源和要素的有效汇聚，突破创新主体间的壁垒，充分释放彼此间"人才、资本、信息、技术"等创新要素活力而实现深度合作。

协同创新是一项复杂的创新组织方式，其关键是形成以大学或企业研究机构为核心要素，以政府、金融机构、中介组织、创新平台以及非营利性组织等为辅助要素的多元主体协同互动的网络创新模式，通过知识创造主体和技术创新主体间的深入合作和资源整合，产生系统叠加的非线性效用。协同创新的主要特点有两点：其一，整体性，创新生态系统是各种要素的有机集合而不是简单相加，其存在的方式、目标、功能都表现出统一的整体性；其二，动态性，创新生态系统是不断动态变化的。因此，协同创新的内涵本质是，企业、政府、知识、大学、研究机构、中介机构和用户等为了实现重大科技创新而开展的大跨度整合的创新组织模式。协同创新是通过国家意志的引导和机制安排，促进企业大学研究机构发挥各自的能力优势整合互补性资源，实现各方的优势互补，加速技术推广应用和产业化，协作开展产业技术创新和科技成果产业化活动的科技创新的新范式。

2. 协同创新的理论逻辑

协同创新是各个创新主体要素内实现创新互惠、知识共享、资源优化配置、行动最优同步、高水平系统匹配度的活动。而协同创新的有效执行的关键在于协同创新平台的搭建，可以从两方面对协同创新平台进行宏观布局：一是面向科技重大专项或重大工程的组织实施，建设一批可实现科技重点突破的协同创新平台，如新药创制、核高基、海洋科学与工程等重大专项。通过重大专项和重大工程的部署实施，瞄准目标产品和工程，集成各类科技资源，坚持产学研用结合，加强各类承担主体的联合，建设支撑科技重大专项和重大工程的组织实施。二是面向产业技术创新，建设国家层面支撑产业技术研发及产业化的综合性创新平台，加快科技成果转化、产业化。特别是要面向培育战略性新兴产业的协同创新平台，以重大的高新技术产业化带动新兴产业发展形成未来主导产业，协调相关创新组织，统筹加强科研设施建设和研发投入，促进战略性新兴产业的形成、崛起，形成具有国际竞争力的主导产业，带动产业结构调整。

除此之外，还需要制定有利的政策与保障措施来支持和发展协同创新平台：一是建立协同创新平台的中央财政投入渠道，稳定支持培育具有产业技术综合竞争实力、具有较大产业化价值的研发组织。国家重大项目安排要优先向协同创新平台倾斜。在保障政府投入的基础上，发挥多方积极性，进一步吸收社会资金参与协同创新平台的建设与发展，形成国家与地方、企业联合共建机制。探索稳定支持与项目支持相结合、中央支持与地方支持相结合、财政资金投入与企业和社会资金投入相结合的多种支持方式和渠道。调动各种资源，加强集成与衔接，避免重复建设。二是要主动加强与现有人才发展规划、计划和工程的衔接，吸引和聚集优秀的创新人才，开展广泛的国际国内交流与合作。在不危害国家安全、不泄密的前提下，吸引来自世界各国优秀人才共同参与我国科技创新，提高基础研究、高技术前沿研究领域与产业创新的国际竞争力。

2.1.2 低碳创新理论

1. 低碳创新的概念

低碳创新是指在产品(服务)技术、产品(服务)概念或商业运作模式上具有创新和低碳设计,同时使用了低碳价值网创新为顾客传递价值的创新活动。低碳创新包含低碳价值主张创新和低碳价值网创新两个维度。

低碳创新可以被视为一种颠覆性创新,其不一定存在重大的技术突破,但可能在颠覆原有思想观点的基础上运用简单易行的方法突破了现有的市场和技术。如发展全新的节能建筑、交通运输和购物方式,乃至更新饮食理念。低碳创新需要关注技术,进行技术创新,发现新技术或者发现技术的新用途;需要以用户为核心,因为用户是主要的创新源;要打破封闭系统,实施开放式创新,利用全球的资源和技术来提高产品的附加值;要建立星状的组织联系网络,使创新成果能发散性扩散。

2. 低碳创新的理论逻辑

低碳创新的种类主要有两种:渐进式低碳创新和突破式低碳创新。渐进式低碳创新是指企业注重产品(服务)技术或产品(服务)概念的低碳连续型改进,同时使用了新的和连续的低碳价值网创新为客户传递价值,其由渐进式低碳价值主张创新和渐进式低碳价值网创新两个维度构成。突破式低碳创新包括以技术为基础的突破式低碳价值主张创新和以技术为基础的突破式低碳价值网创新两个维度。以技术为基础的突破式低碳创新在现有市场条件下采用最先进的低碳设计技术改善顾客的利益,同时使用新的和不连续的低碳价值网创新为顾客传递价值。以市场为基础的突破式低碳创新在产品(服务)或商业运作模式上具有高度的低碳设计创新,为新浮现的市场创造新的顾客价值,同时使用了新的和不连续的低碳价值网创新为顾客传递价值。

2.1.3 创新激励理论

1. 创新激励的含义

创新激励是指在企业组织中利用各种力量来诱导创新的发生与持续,特别是使创新者的收益得到改善,从而使创新者的创新动力、积极性和持久性得以增强。从激励的来源看,创新激励可以分为政府激励、市场竞争激励和企业内部激励。从激励的手段来看,创新激励可以分为物质激励和精神激励。

创新是企业竞争力的主要来源,因此创新激励机制的构建应该成为企业激励机制构建的核心,因为创新的收益具有非独占性以及不确定性,政府、市场、企业都要给予创新者以激励,这样业界才会有更多的创新。激发企业创新动力、提高企业创新能力以破解关键领域技术难题,是新时期建设创新型国家和促进经济高质量增长的内在需求。

2.创新激励的理论逻辑

我国创新激励政策以选择性政策为主,包括税收优惠、贷款贴息及政府创新资助等。政府部门的职责是制定科技发展战略和政策措施,并对创新企业进行政策激励,其目标是提高经济体的技术创新总体水平。政府部门要优先提高经济体的技术创新质量,即"质量优先,数量次之"。一般而言,政府部门主要通过财政补贴、税收抵免等手段,通过缓解融资约束、改变创新产出边际回报等机制激励企业技术创新活动。一般来说,政府部门的创新激励工具主要为创新补贴,即对符合条件的创新企业,按技术创新产出水平基于数量基准或质量基准进行补贴。

根据是否对激励对象进行资格认定,可以将政府部门采取的科技创新激励模式分为两种:其一,普适模式,即不设定资格认定门槛;其二,选择支持模式,即对于门槛以上的企业予以支持。其中,资格认定门槛还包括数量门槛和质量门槛。同时,在补贴实施环节根据创新补贴的计算基准又可分为两类,即数量基准模式和质量基准模式。

2.1.4 演化博弈理论

1.演化博弈理论概述

演化博弈理论(Evolutionary Game Theory)一般会探讨博弈论在生物学中的应用,是纳什均衡的一种很重要的生物学角度的解释——纳什均衡是经历无数次动态博弈的稳定状态,是一种"物竞天择,适者生存"的自然状态。虽然演化思想最初来自生物学领域,但演化博弈论和演化经济学都把"创新""选择"和"扩散"视为演化的主要机制。

演化博弈理论源于生物进化论,曾相当成功地解释了生物进化过程中的某些现象,强调了博弈的发展和动态演化,是对传统博弈理论的一种补充。演化博弈论把经济学中的博弈论和生物学中的演化理论结合在一起,在方法论上,它与博弈论将重点放在静态均衡和比较静态均衡上不同,其目标是达到稳定,强调一种动态的均衡。在进化博弈中,由于假定较为宽松,基于对收益的追逐,采用复制、模仿等权衡方法来决定企业的最终策略与行动较为适宜。在博弈双方的总体均衡下,博弈会更加贴近实际情况。由进化对策得到的平衡点的解决方案,也就意味着已经达到纳什均衡。总之,演化博弈理论提供了均衡的标准和最终选择的策略,同时满足了现实条件。

2. 演化博弈理论的两大要素

演化博弈理论的两大要素为复制动态方程和稳定策略均衡解。复制动态方程又名模仿者动态方程,最早由泰勒(Taylor)引入进化对策动态学的研究中。其原理是在有限理性的前提下,群体中的每个个体都具备学习模仿能力。在演化博弈过程中,使某个个体选择优势策略时,其他个体会对其进行模仿,使博弈双方不再以稳定的纳什均衡解作为策略最终的选择结构,而是通过不断比较、学习和模仿,逐渐地探究演化稳定策略均衡解。即群体总会趋向于选择收益更高的优势策略,淘汰劣势策略。

基于 Malthusianism 人口增长模型推导得出的复制动态方程表述如下:

$$\frac{\mathrm{d}\theta_i(t)}{\mathrm{d}t}=\theta_i(t)\left[\mu_t(S_i)-\bar{\mu}\right] \qquad (2-1)$$

式(2—1)表示 t 时刻在群体中采取策略 i 的个体的比例,S_i 表示在通常情况下采用的纯策略,$\bar{\mu}$ 表示群体的平均收益,$\dfrac{\mathrm{d}\theta_i(t)}{\mathrm{d}t}$ 表示采用某种策略的群体比例 θ_i 的增长率。方程表示该增长率为采用该策略收益 $\mu_t(S_i)$ 与平均收益 $\bar{\mu}$ 差的严格增函数。

假设存在 N 种策略,m_i 和 m_i' 分别表示在 i 点时选择策略 n 与 n' 的参与者数量,M_i 表示总参与者数量,$\mu_i(n)$ 表示策略 n 的收益函数,$\dfrac{\mathrm{d}\alpha_i}{\mathrm{d}t}=F(\alpha_i)=\alpha_i(n)\left[\mu_i(n)-\bar{\mu}_i(n)\right]$ 表示选择策略 n 的个体随时间的变化率。假设 $\alpha_i(n)$ 为 i 时刻选择策略 n 的个体的比例,则有:

$$\alpha_i(n) = \frac{m_i}{M_i} \tag{2—2}$$

选择策略 n 的期望收益为：

$$\mu_i(n) = \alpha_i(n)\mu_i(n,n) + \alpha_i(n')\mu_i(n,n') \tag{2—3}$$

所有参与者的平均收益为：

$$\bar{\mu}_i(n) = \alpha_i(n)\mu_i(n) + \alpha_i(n')\mu_i(n') \tag{2—4}$$

复制动态方程为：

$$\frac{d\alpha_i}{dt} = F(\alpha_i) = \alpha_i(n)[\mu_i(n) - \bar{\mu}_i(n)] \tag{2—5}$$

在式（2—5）的基础上，令 $F(\alpha_i)=0$，可得所有可能的演化稳定状态，在这些稳定状态中只有进化稳定策略具有稳定性，所对应的解即是演化博弈的稳定策略均衡解。

2.2　文献综述

2.2.1　创新联合体相关研究

从动力机制角度，郭菊娥等（2021）以创新生态系统的资源互补、协同创新、价值共创特征为理论基础，以"目标诉求—途径探索—保障机制"为逻辑框架，揭示了企业布局创新链搭建创新联合体集聚社会创新要素的机理与路径。白京羽等（2020）基于博弈论构建重复博弈模型，通过分析创新联合体成员参与联合创新的动机，探究创新联合的动力机制，发现预期合作效益与合作次数对企业和其他创新主体是否愿意采取联合创新的行为有着显著影响。Joel West 等（2014）研究了开放式创新的"由外而内"和"耦合"两种模式，并基于企业如何利用外部创新源的相关研究提出了四阶段模型。从系统评价的角度，马宗国等（2019）从联合体的视角构建了国家自主创新示范区创新生态系统评价体系，发现国家自主创新示范区创新生态系统的区域引领作用不断增强，东中西地区之间的区域发展不平衡，研发创新投入系统的决定作用明显，并提出了相关对策。马宗国等（2013）还构建了开放式创新下的研究联合体运行机制框架，并对运行机制包含的八个方面进行了系统的深入分析，发现只有各机制相互联系、相互作用，才能实现研究联合体运行机制的稳定,并发挥研究联合体的竞争优势。Pirinen R.等(2015)探讨了知识是如何参与到高等教育机构学习单元的实现中的,同时研究了联盟的参与者如何影响研发过程中的知识转移和连续性。尹西明等(2023)采用多案例研究方法,以六个典型的创新联合体为研究对象,从组建方式、治理机制、研发机制和成果转化机制等多维度,深入分析了企业主导型、企业参与高校主导型、企业参与政府主导型三类企业参与共建创新联合体的差异化模式和建设路径,构建了企业参与共建创新联合体的理论框架。岳颖初等(2023)运用冲突理论、博弈论等对创新联合体利益冲突的本质和机理进行分析,建立分配过程模型与实证检验,提出了建立有利于共同治理的有效治理结构等有效均衡创新联合体各方利益关系的策略建议。操友根等(2023)运用社会网络分析法对上海市企业牵头创新联合体合作网络的结构演化特征与创新主体特征进行剖析,研究表明,在合作网络中创新主体空间分布会逐渐形成"六棱体"区域合作网络,但各地区在区域合作中的影响力不同;企业—高校、企业—企业成为企业牵头创新联合体合作网络的主要模式。高茜滢等(2022)利用企业行为生成协同创新的产品和服务,揭示其创新绩效和针对开放创新的合作诉求动态,研究企业产生协同创新的决定因素,并进行了实证分析。李亚兵等(2022)基于社会网络理论和资源依赖理论,从创新联合体内、外部视角出发,研究创新联合体内、外部关系嵌入对中小企业创新能力的影响,并检验环境不确定性的调节效应。周岩等(2021)基于创新联合体结构特征构建了多寡头三阶段研发博弈模型,分析了纵向技术溢出无协同决策、横纵技术溢出无协同决策、横纵技术溢出有协同决策三种合作研发策略。

从人工智能角度,黄音等(2021)立足校企合作的视角,以数字孪生技术为核心,以增强现实技术、同步建模技术等多种人工智能技术为辅助,探索了基于校企合作的实验设计与综合实习相融合的创新实践教学模式,提出了基于校企合作的创新实践教学模式设计的关键路径。赵程程(2021)运用知识图谱软件绘制人工智能技术创新网络图谱,识别出 AI 创新关键路径及重要节点企业、科研机构、中国人工智能领域最有发展潜力的创新主体和重要创新主体,并对其创新合作特征进行了分析。沈映春等(2021)以国家知识产权局专利数据库为基础,构建了基于加权超图的人工智能产业产学研合作申请专利超网络拓扑结构,以北京为例进行了纵向和横向对比,发现企业主体地位不明显以及产学、产研合作数量多,产学研合作数量少等现象,并提出了加强政策引导、改善人工智能产学研合作创新不平衡现状的相关政策建议。宋凯(2021)从企业视角出发,提出了一种基于专利计量的校企合作伙伴选择方法,采用主题模型获取技术领域下的多个技术主题,结合Z分数和斜率估计法对主题类型进行划分,发现校企合作伙伴选择方法能够解决企业在校企合作过程中面临的"合作什么"和"与谁合作"问题,从而为提升校企合作效率提供了实践指导。Cai(2019)基于社会科学理论和特定人工智能(AI)技术的集成,提出了通过与跨国大学、学术合作伙伴的共同关系来匹配两国合适的工业企业进行合作的建议,填补了跨国创新生态系统中跨国产业合作(TIC)和跨国大学合作(TUC)之间互动很少的研究和实践空白。从大数据角度,张道潘等(2019)基于组织差异性视角,研究产学研合作伙伴之间的组织邻近对知识转移和合作创新绩效的影响机理,发现组织邻近对产学研合作创新绩效有显著的提升作用,企业利用大数据技术能够有效地实现合作伙伴间的知识转移和创新绩效提升,为促进政府、企业和学研机构的产学研合作成果产出提供了借鉴。杨晓琼等(2015)在讨论图书馆实施数据素养教育存在的问题和综述数据素养教育研究进展的基础上,提出了以图书馆为中心的数据素养教育向合作数据素养教育发展的三种合作路径:与专业教师合作,与学生创新型学习合作,与数据库提供商合作。陈怀平等(2014)的研究表明,为了应对大数据时代的挑战以及满足社会发展的需求,应该使公共信息服务走政企合作道路,但其中存在利益差异、制度设计缺陷等困境。为此,陈怀平等人提出了在解决合作基础、范围、方式以及制度保障等问题的基础上,重点整合前期政府公共信息资源和增强企业参与动力,以及消除后期运营中公共信息服务中的公益性和经营性矛盾与冲突的策略。Cui等(2016)分析了传统校企合作教学的现状,探讨了大数据环境下如何加强校企合作与提高应用型人才培养质量的策略。从物联网角度,焦媛媛等(2015)运用演化博弈方法探析战略性新兴产业协同创新网络合作关系的演化过程,对战略性新兴产业协同创新网络合作关系实现的演化过程进行梳理,以我国物联网产业协同创新网络演化为例进行实例分析,提出了战略性新兴产业健康和快速发展的对策及建议。李瑜芳(2013)通过分析物联网产业发展对闽台高校合作带来新的契机,发现物联网技术为闽台教育合作新模式提供了技术支持,物联网产业促进政策为闽台教师合作研发项目提供了新平台,并认为闽台高校合作可以以两岸视频对接为载体,提高闽台高校合作的便利性,通过闽台学程合作模式实现闽台技职高校合作机制的稳定性。杨莉等(2012)探索了高职物联网应用技术专业与企业建立校企联盟的可能性,提出了校企联盟的机构设置及体制、机制建设以及构建校企联盟人才培养共育共管的保障机制、互利双赢成果共享的激励机制、管理风险社会责任共担的约束机制。从新能源角度,苏屹等(2021)以 2012—2020 年京津冀地区新能源汽车产业联合申请专利数为样本,构建了京津冀地区新能源汽车产业协同创新网络,运用社会网络分析法(SNA)对协同创新网络结构进行了分析。武健等(2021)在"互联网+"背景下,构建了再生资源企业、地方政府和公众协同创新的三方演化博弈模型,分析了博弈主体在协同创新过程中的策略选择。侯光明等(2021)在区分新能源汽车企业协同创新模式的基础上,构建了面向不同创新绩效的协同创新模式作用模型。

2.2.2　低碳科技协同创新相关研究

从低碳科技角度,沈世铭等(2023)研究发现,绿色科技创新是抑制碳排放强度的重要影响因素,能够通过能源结构和技术进步两条中介路径间接降低碳排放强度。同时,他们还利用门槛效应检验发现,绿色科技创新水平的不断深化对于碳排放强度的抑制效应表现出增强趋势。在此基础上,他们提出了建设新能源绿色供给消纳体系、打造"绿色+技术+低碳"发展模式、制定差异化绿色低碳标准等建议,以提高绿色科技创新能力,有效抑制碳排放强度。周利梅等(2023)从科技创新这一视角出发,探讨了科技创新对各地区"双碳"目标实现的战略价值作用,以及当前我国各地区在依托科技创新推动"双碳"目标实现时所取得的成效,在此基础上总结了"双碳"目标下区域科技创新政策的难点和障碍并提出了相应的对策建议。徐淑琴等(2023)对低碳经济背景下企业经济管理的绿色创新发展进行了研究,对低碳经济发展的基本内涵进行了分析,对企业经济管理中绿色创新发展具体路径及重要意义进行了全面归纳,指出了当前阶段企业经济管理中绿色创新发展存在的一系列问题,并且给出了对应性的优化策略。他们的这些研究能够为企业经济管理的绿色创新发展提供有益的借鉴。吴晓波(2022)指出我国能源部门应大力开展完善绿色低碳转型的工作,同时要将新能源与新科技进行紧密结合,从而使人们日常的生产生活方式更加智能化及低碳化。能源是我国经济建设中不可缺少的物质基础,能源消耗是碳排放的主要原因。因此,要想实现安全降碳理念,必须在能源安全范围内对再生能源加大使用力度,有效地建立更加安全高效的低碳能源体系。张薇等(2022)通过深入挖掘绿色低碳技术的独特属性特征及发展空间,建议进一步完善绿色低碳技术创新发展政策标准体系、健全绿色低碳技术创新发展市场支持体系、发挥绿色低碳技术创新发展社会主体合力,提升绿色低碳技术创新发展交流互动体系,为绿色发展提供有力的技术支撑。牛宝春等(2022)通过基准模型估计、异质性分析以及空间面板模型的估计,系统考察了科技创新对低碳经济的影响。研究发现,总体来看,科技创新会显著促进低碳经济的发展,降低能耗是科技创新影响低碳经济的重要机制。姜仁良(2018)阐释了低碳科技创新的价值,明确了低碳科技创新促进生态产业竞争力提升的功能定位,并从政府政策引导、经济利益驱动、竞争与协作、信息共享、以生态产品质量改善为目标的低碳技术持续创新等方面构建了以低碳科技创新促进生态产业竞争力提升的若干机制。喻蕾(2017)试图在低碳科技发展面临空前机遇和遭遇集体行动困境的双重背景下寻求区域政策创新与试验。李勤国(2016)分析了低碳科技创新的特征以及低碳科技政策对低碳科技创新的价值,阐述了低碳科技创新的政策工具类型,并从政府多元化组合政策、产学研协作政策、内外创新融合政策、创新成果应用和推广政策、资金政策、人才政策等方面提出了政策支持的要点。

从协同创新角度,崔和瑞等(2019)基于演化博弈模型,对产学研低碳技术协同创新的演化博弈策略进行分析,发现违约金、协同收益、政府补助、碳排放量差值和碳税对协同创新有正向促进作用,研发成本和知识溢出效应对协同创新有反向抑制作用,成本分摊比例和收益分配比例的影响是非单向的,最后对促进产学研低碳技术创新提出了相应措施及建议。朱莹等(2017)从低碳供应链的可持续发展角度出发,建立了协同技术创新的随机微分博弈模型,发现技术创新投入成本越高,技术创新的努力程度就越低;技术创新努力程度对减排绩效的影响越大,技术创新的边际收益就越高,博弈双方的技术创新努力程度也越高。从低碳创新角度,杨洁等(2014)首先分析了区域低碳产业创新体系形成机理,然后构建了区域低碳产业协同创新体系,最后提出了区域低碳产业创新体系实现路径及相关对策。高鹤等(2016)从区域创新系统、低碳经济、政产学研合作三者之间的内在关联入手，从系统动力学角度分析了区域低碳创新系统的内涵、结构及协同机制。甘志霞等(2016)根据瑞士学者 Berge K. 提出的创新系统功能分析框架，发展了区域低碳创新系统功能分析框架，分析了京津冀地区低碳创新系统的诱导和阻碍机制，并且为京津冀低碳创新协同发展提供了思路。Faria 等(2019)针对三重螺旋假说理论化不足的问题，提出了一个经济模型，研究公共政策如何刺激学术研究和私营企业的基础科学生产和低碳技术研发，以及如何加强私营企业、政府和大学之间的合作。从低碳协同创新和政府补贴政策角度，Huang Z. H. 等(2019)针对绿色贷款和政府补贴对企业绿色协同创新活动的影响，建立了一系列博弈模型，研究得出政府补贴作为支持绿色协同创新和环境保护的一种干预方式的有效性。黄卫东等(2015)通过研究发现在协同合作决策模式下，制造商和供应商的低碳技术创新努力程度以及供应链总体利润均严格优于在非合作决策模式下的相应值，帕累托最优的利润分配比例由技术研发成本和技术创新对产品减排绩效的贡献共同决定。陆小成(2015)提出构建企业低碳创新协同模式应在基本目标层面实现经济、社会、文化、生态的效益协同，在外部力量层面实现需求、技术与竞争的动力协同，在关键环节层面实现绿色设计、生产与管理的过程协同，在路径选择层面实现绿色生产链、生态产业链、低碳供应链的模式协同。余晓钟等(2014)从区域政府和企业两个主体层面论述了跨区域低碳技术协同创新发展管理的形成机制，指出了跨区域创新文化协同和信息沟通协同的保障机制。吴伟(2014)基于低碳技术创新特征以及协同学思想，提出了节能减排技术与新能源技术的协同演化和技术与环境的协同演化两条路径。袁旭梅等(2022)运用演化博弈方法构建政府、企业和学研机构的三方低碳技术协同创新博弈模型，得到了不同情形下三方的演化稳定策略，不同状态下的成本分摊系数、政府激励、违约罚金、收益分配系数对政府、企业及学研机构演化结果的影响存在差异。孙即才等(2022)研究了区域协同创新新能源开发嵌入区域减排的优选路径和协同减排的策略选择，论证了协同创新新能源开发嵌入减排的现实性以及各类影响要素的作用和策略选择。苏涛泳等(2022)从绿色创新和产业升级的协同创新视角采用多期双重差分法估计了双试点城市设立对城市碳排放水平的影响，结果表明，相比于非双试点城市，双试点城市的碳排放量显著降低。同时，相比于低碳城市单试点和创新型城市单试点，低碳城市和创新型城市双试点的碳减排效果更强，低碳城市试点和创新型城市试点对碳减排有协同作用。肖汉杰等（2021）研究了政府、企业、研发机构和金融机构（政产学研金）参与低碳环境友好技术（LCEFT）创新的条件和策略。

王云珠等（2021）研究了山西省传统能源和清洁能源创新、协同发展路径，认为传统能源和新能源的"协同创新"发展，本质上是改革能源供给结构和供给质量，实现能源供给从量到质的转变，核心在于传统高碳能源低碳发展，清洁能源规模化高质量发展。徐建中等（2019）运用演化博弈理论研究有限理性下企业低碳创新合作行为网络演化机理，发现低碳创新利益分配、协同效益和违约惩罚对低碳创新合作行为网络演化结果的影响最为显著，网络规模越大网络演化速度越慢，网络规模越小对协同系数和利益分配系数的敏感性越强，网络规模越大对技术溢出系数和违约惩罚的敏感性越强。

2.2.3 低碳投融资模式相关研究

1. 低碳投资方面

马忠民等（2020）认为，低碳投资决策行为是以减少二氧化碳排放量为目标，通过引用低碳科技手段，从而实现企业的低碳化发展的投资决策行为。程思进等（2022）的研究表明当低碳投资规模达到一定的程度时，低碳投资能有效地减少碳排放。现有关于低碳投资的研究主要集中在投资效率、激励机制、低碳投资项目评估以及投资时机等方面。

从绿色投资效率角度，肖黎明等（2020）运用数据包络分析法测算了六大高耗能行业的295家企业的绿色投资效率，并对绿色证券的作用机制进行了分析。Pan等（2022）运用钢铁企业的面板数据，通过松弛模型（SBM）和"超效率"（DEA）模型测度评估了绿色投资效率，研究了公众环境关注对绿色投资效率的影响。Liu等（2022）利用2010—2018年113家相关上市企业的数据，对中国能源行业绿色投资的效率进行了综合评价。Yu等（2021）采用数据包络分析和仿真技术，从投资者主观风险的角度准确评估了绿色投资组合的效率。刘家国等（2021）以绿色投资效率为切入点，探讨了无投资、承运人投资、港口投资三种情况下的绿色投资效率对港口供应链成本效应、经济效应与市场效应等的影响。

Zhang等(2022)研究了两个水平差异化企业在质量竞争条件下的绿色投资选择决策,发现当绿色投资与质量投资互补时,企业是否进行绿色投资取决于绿色投资效率。

从激励机制角度,研究者大多从政府政策出发,探讨政府碳规制对低碳投资的作用。Ohlendorf等(2022)认为在碳交易体系中加入碳价下限水平指标可以稳定对未来碳价格的预期,从而促进低碳投资。Meng等(2022)以可再生能源企业为研究对象,从财产异质性视角研究了碳补贴与碳税对企业投资效率的影响。郭健等(2018)运用实物期权模型分析了多项因素对企业投资CCS项目的影响,研究表明,提高碳税税率、政府补贴与清洁电价均是激励企业投资的有效手段。上述研究大多从政府政策角度出发提出企业低碳投资激励措施,还有学者从政府与企业联动角度出发,设计创新性的激励模型。王立平等(2015)将政府与企业之间的关系描述为委托—代理关系,考查企业工作能力、外在经济环境、研发成本与风险偏好对激励强度的变化。魏琦等(2022)的研究表明,除政府因素对低碳投资的影响外,融资约束也成了影响中小企业投资的主要阻碍因素之一。为此,金融机构也积极响应我国碳减排目标,为企业提供绿色信贷支持来推动企业进行低碳投资,降低碳排放量。Zhang等(2022)运用面板阈值模型实证检验了绿色金融与绿色发展效率之间的关系。丁志刚等(2020)引入了绿色信贷来解决供应链低碳技术投融资问题,发现绿色信贷利率折扣与融资比例能够提高企业采纳低碳技术的积极性。Ling等(2022)、Li等(2022)发现绿色信贷提高了污染物排放企业的投资效率。上述研究仅仅说明了某项因素对低碳投资的影响方向,并没有制定细化的激励措施,基于此,王明喜等(2021)从国家宏观层面构建了碳税政策下的政府—企业碳减排演化博弈模型,并探讨了差异化税率对政府碳减排行为的修正效果。Richstein等(2022)认为基于项目的碳差价合约可以保证投资者在合同期限内获得固定的碳价格,从而降低低碳投资因政治和市场不确定性而面临的风险,并允许政府将碳价格设定在当前水平之上。然而在实际市场活动中,企业难以获得各项准确的信息,部分竞争者为了自身利益最大化而提供虚假信息等时有发生,降低了供应链的整体效率,因此难以制定有效的激励政策。针对信息不对称问题,楼高翔等(2016)考察了消费者低碳敏感性对供应链减排投资的激励作用,并与集中控制情形进行了对比分析。樊文平等(2021)设计了零售商持股、制造商减排投资以及按照投资比例进行分红的运营决策模型,分析了纵向持股策略对供应链协调的影响。

Banda(2021)、Biancardi 等(2023)从低碳投资项目评估角度研究了关于项目评估的方法。其中一种是静态投资决策,主要包括 NPV 法、内部收益率法、投资回收期法、成本法、收益法;另一种是动态投资决策方法,主要采用实物期权方法。从单一期权角度,赵文会等(2017)通过构建发售一体与分离的二级供应链模型,通过比较投资低碳技术与不投资两种情况下供应链利润,发现投资低碳技术有助于供应链获得更高的利润。黄帝等(2016)在碳排放约束与碳交易背景下,通过构建多周期模型,基于广义 Benders 分解法探讨了企业生产、碳交易与减排投资联合决策的最优解。Liu 等(2023)考察了绿色技术创新投资与碳性能的关系,并使用几何布朗运动进行蒙特卡罗模拟和预测的随机模型评估和确定了最佳碳性能的投资计划。Balibrea-Iniesta 等(2021)使用二项式方法和蒙特卡罗方法对德国沼气发电项目的期权进行了估值。研究发现,在项目评估过程中,可能包含多种期权,并且期权之间具有相互影响关系,因此会出现多阶段投资的问题,对于此类问题,现有文献大多采用构建复合实物期权的形式对项目价值进行评估。Polat 等(2021)采用复合实物期权和净现值法,考察了机场基础设施项目的价值和最佳投资期限。郭莉等(2021)将基础设施工程分为建设期与运营期,基于二叉树模型构建了分阶段的实物期权评价模型。Alibeiki 等(2022)研究了在方差风险溢价下具有实物期权的多阶段决策,并将模型应用于福特汽车公司和配电网络的电池存储投资。针对部分无法直接获取信息的因素,只能依靠管理者主观判断,而这种主观判断带有模糊性,因此,学者须将模糊数引入期权评价模型。Zmeskal 等(2022)从项目估值的风险与不确定性出发,引入模糊数与随机离散二项式模型构建了广义模糊随机多模式实物期权模型,并与子问题、清晰随机多模式实物期权和部分模糊随机多模式实体期权模型进行了比较。Ersen 等(2022)认为传统实物期权具有静态假设的某些缺陷,因而使用模糊逻辑进一步改进了实物期权估值。他们还以太阳能投资项目为例,构建了直观模糊三项格实物期权估值模型。尹国俊等(2021)将众创空间的综合价值设定为 FCFF 法价值评估与 B-S 实物期权机制评估之和,并运用梯形模糊数对实物期权模型进行了修正。

从低碳投资时机角度,王喜平等(2020)考察了碳交易机制以及技术学习效应,构建了集中决策以及二级供应链内部合作的 CCS 投资决策模型,并对最优投资时机影响因素进行了分析。Najafi 等(2021)采用基于蒙特卡罗模拟和自适应后向动态最小二乘规划的方法,建立了实物期权估价框架,研究了电力市场价格的波动性和漂移率对延期期权最佳投资时机和行权价值的影响。王素凤等人(2016)从政策波动、技术进步、产品价格等方面同时考查了多项不确定因素,运用实物期权理论构建了发电商低碳投资模型,通过模型求解得出投资最优时机并进行了数值仿真验证。Bakker 等人(2021)研究了在价格不确定性的情况下投资成熟油气田的最佳时机问题。张新华等人(2020)针对我国碳排放权价格波动较大的情况,构建了基于碳价下限的燃煤发电商实物期权投资模型,比较了碳价下限与补贴两种方式推动发电商碳减排投资的作用效果。蔡小哩等(2016)引入碳交易与消费者低碳偏好,以高耗能企业为主体,研究了低碳技术的最优投资时机问题。丁志刚等(2020)同时考察了碳价以及碳税对供应链低碳技术采纳的影响,构建了协同与博弈两种情形下的供应链投资决策模型,并对两种情况下的最优投资时机进行了对比分析。王小鹏等(2023)将技术因素引入页岩气项目实物期权评价模型,分析多因素对投资临界值的影响。Ofori 等(2021)结合二叉树和蒙特卡罗模拟的模型用于评估可再生能源项目总体规划第一周期的最佳投资时机。Ma 等(2022)认为补贴住宅电池安装项目具有延迟期权、扩张期权等多项期权,并通过构建符合实物期权研究了项目的最优投资时机问题。

2. 低碳融资方面

企业为减少二氧化碳排放,通常通过引用低碳科技等方式进行碳减排,但是在此过程中需要大量的资金支持。对一些中小企业来说,企业自有资金只能满足生产经营,没有多余的资金进行额外的碳减排工作,为此,企业需要通过融资的方式来募集资金进行碳减排工作。目前,关于低碳融资的研究主要集中于融资模式、融资风险、融资效果等方面。

从融资模式角度,大量学者对融资模式进行了探讨。Owen 等(2018)探讨了公共部门支持高收入和低收入国家对赠款、股权、债务和新形式的众筹融资的作用。Xia 等(2022)以资本约束闭环供应链为研究对象,研究了资金充足、资金有限无融资、债务融资、预付款融资四种融资策略下的最优生产和融资策略。现有研究通常将融资模式分为两大类——内部融资与外部融资。内部融资模式主要有股权融资、债权融资等。杨浩雄等(2023)设计了供应链内部融资模式,研究了资金约束下的供应链生产优化问题。史金召等(2023)引入双向碳减排分担契约,分析了供应链各主体的均衡策略。外部融资模式主要有银行融资、碳配额质押融资等。张李浩等(2022)考虑了是否采纳RFID技术以及是否进行融资的四种情景组合,研究了零售商资金约束的供应链的最优投融资策略。Sunio等(2022)将交通业不同类型的项目和各种金融行为体(多边银行、私人银行和政府银行)纳入模型,通过对贷款组合组成和访谈数据的分析,揭示了每个金融机构在交通项目贷款中的基本逻辑。陈伟达等(2019)引入碳配额质押融资方式,研究了资金不足的制造商/再制造商的生产决策问题。还有学者对比分析了不同融资模式下的供应链优化效果。张艳丽等(2022)构建了碳排放交易下的供应链决策模型,对比分析了银行融资与供应商融资下的供应链生产决策。李波等(2021)研究了银行信贷与贸易信贷两种融资模式下的供应链决策问题,并对两种模式下的使用场景进行了对比分析。周涛等(2022)对碳交易背景下无融资决策、碳额度质押贷款、零售商分担碳减排投入以及混合融资四种融资模式进行了对比分析。蔡敏等(2022)设计了提前支付、银行融资以及银行融资与股权融资相结合三种融资模式,分析了制造商自有资金不足情境下的供应链运营决策。Qin等(2021)考虑制造商资金紧张,建立了电子商务平台融资模式、供应商信贷融资模式和混合融资模式三种融资模式下的优化模型,以研究制造商的减排量、产量和融资策略。Wang等(2021)通过构建资本约束的制造商的Stackelberg博弈模型,分析了银行信贷融资和贸易信贷融资下的最优决策和融资选择策略。

从风险角度,一方面,现有文献探讨了各种融资策略下供应链成员风险规避或者风险中性态度下的订购、定价、生产策略。李莉英等(2022)研究了制造商具有风险中性和风险规避两种态度下的订购策略,并对风险规避程度进行敏感性分析。刘春怡等(2020)研究了具有资金约束的回收商通过银行贷款进行融资时供应链成员风险态度对最优决策的影响。尤天慧等(2021)分析了制造商和回收商的风险态度对闭环供应链中其他成员和整体供应链的决策的影响。史思雨等(2021)构建了银行贷款和延期支付两种模式下的Stackelberg博弈模型,分析了零售商风险规避程度对定价决策的影响。曹宗宏等(2019)构建了零售商提前支付和银行贷款两种融资模式下的博弈模型,研究了供应商风险厌恶程度对最优渠道选择的影响。另一方面,还有学者探讨了融资行为本身存在的风险的影响。Wu 等(2020)构建了两个具有不同碳排放技术的竞争供应链的不对称双寡头模型,研究了供应链碳排放技术投资的融资风险对定价的影响。Spasenic 等(2022)采用定性分析的方法,对塞尔维亚小水电站项目融资进行了信用风险评估以识别和描述可能导致贷款违约的风险事件。

从融资效果角度,Gu 等(2022)建立了气候—经济—技术综合评估模型,研究了气候变化合作背景下低碳技术融资对气候减缓、技术推广和经济发展的实施效果。Xing 等(2022)分析了商业银行在研究碳税对低碳转型影响中的作用,研究发现,商业银行通过融资更多的绿色投资,放大了碳税对碳排放的减排效果。Yu 等(2022)将融资约束引入异质企业部分均衡分析框架,揭示了融资约束对企业污染物排放的影响机制,结果表明,融资约束会显著提高企业的排放强度。Luo 等(2023)利用 2011—2019 年上市公司样本的数据,探讨了企业综合 ESG 评级对其在中国市场贸易信贷融资的影响。Lu 等(2022)利用 2007—2019 年中国 A 股上市公司数据,采用差异差分方法实证检验《绿色信贷指引》对绿色创新的激励效果和机制。Mamun 等(2022)通过对 46 个国家的大量抽样调查,发现绿色金融在短期和长期内都能显著减少碳排放,这种效应在创新成功率较高、气候变化风险较高的发达信贷市场和经济体中更为明显。

2.3 研究述评

现有的研究从不同视角,用不同方法探讨了创新联合体、低碳协同创新等相关问题,取得了一定的研究成果,但对于低碳科技创新联合体特别是基于战略性项目牵引的研究还比较匮乏,尚有较大的研究空间。

一是从研究领域来看,现有研究多从人工智能、大数据、物联网等领域研究科技创新联合体的运行机制、系统评价、实现路径等,较少涉及节能减排科技创新领域,因此,对低碳科技创新联合体的相关研究还有待进一步深化。

二是从研究视角来看,现有关于低碳科技创新联合体的相关研究主要是以龙头企业牵头,以高校院所支撑,各创新主体相互协同,较少考虑低碳科技创新具有长期性、全局性、回报周期长、创新风险大等特点,因此,依托战略性项目开展低碳科技创新联合体的相关研究具有较大空间。

三是从研究方法来看,现有关于创新联合体的研究主要从合作博弈角度建立模型分析不同协作方式下的合作研发策略,较少通过实证分析归纳基于知识交互的低碳科技创新联合体的生态关系与演化规律,也较少以此为基础提出相应的孵化模式。因此,加强对于战略性项目牵引下低碳科技创新联合体的孵化模式、激励机制、培育政策等问题的研究,有助于丰富该领域的相关理论,进一步拓展多主体协同创新理论体系,促进上海低碳科技创新水平提升。

2.4 本章小结

本章基于我国创新联合体发展现状,选取企业、高校与科研机构、政府、金融服务机构、市场、用户等作为低碳科技创新联合体的关键支撑要素,研究低碳科技创新联合体各低碳科技创新要素逻辑关系,厘清多元主体承担的角色和任务,为合理配置创新资源提供决策依据。同时,本章还在内涵界定的基础上,从科技创新发展、低碳转型发展、企业创新能力等方面研究了低碳科技创新联合体组建的必要性,为后续研究奠定了基础。

第二部分

组织模式与运行机制

第 3 章 低碳科技创新联合体的组织与投资研发模式

3.1 组织模式

低碳科技战略性项目作为推进高校、科研院所与地方政府及企业搭建创新联合体开展合作的重要抓手,能有效整合创新资源开展源头性技术创新。然而,不同类型的低碳科技创新联合体采用的项目合作模式存在较大差异,在实际合作过程中各方的地位将发生变化,形成一个动态博弈的过程。图 3—1 是领军企业主导下的低碳科技创新联合体组织模式。

3.1.1 契约型组织模式

契约型组织模式是围绕联合研发、优势互补、利益共享和风险共担,创新联合体成员之间通过共同协商、谈判而订立具有法律约束力的契约,为成员各方约定其权利义务、创新活动、主体地位及日常管理等事项,并以其为保障构建低碳科技创新联合体的组织模式。这一模式虽然体现了创新联合体合作的平等性和伙伴的学习性特点,但是同时伴有组织的松散性和管理的不确定性等问题。因而容易产生创新联合体信任危机和机会主义行为,从而导致创新联合体缺乏稳定性和持续性。

3.1.2 股权型组织模式

股权型组织模式是创新联合体成员各方作为股东共同出资或将己方处于优

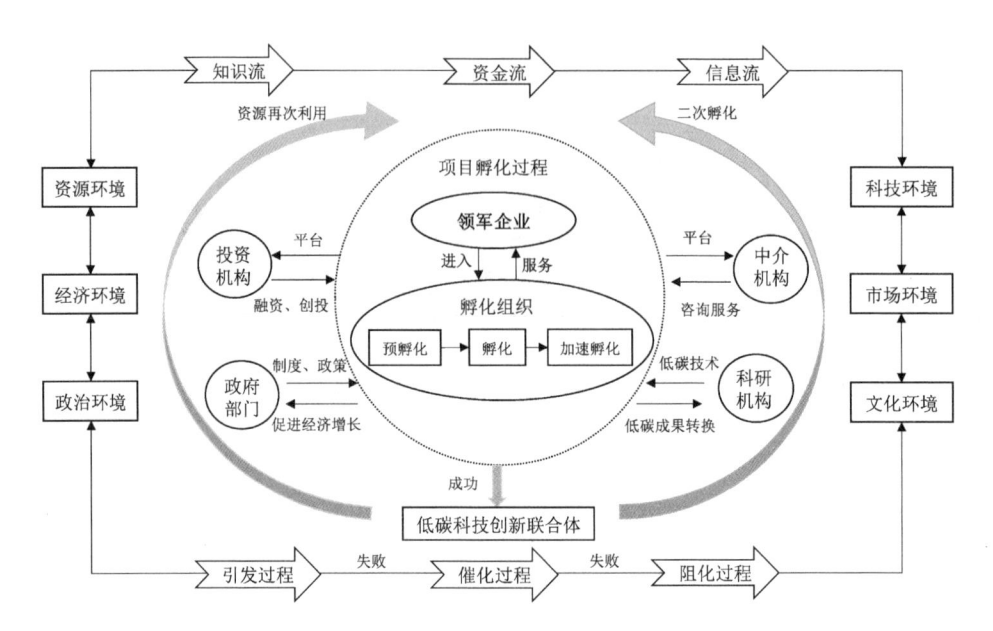

图 3—1　领军企业主导下低碳科技创新联合体组织模式

势的设备、场所、人才和具有知识产权的科技成果等创新性资源作价出资，进而持有股份、取得股权并对创新联合体拥有相对独立的资本运行、人事管理和组织运行等权限而构建低碳科技创新联合体的组织模式。这一模式要求组成具有法人地位的经济实体，对资源配置、出资比例、管理结构和利益分配等均有严格规定，成员各方按股权大小决定发言权，按出资比例进行利益分配。这种组织模式虽然初始投入较大、转置成本较高、难撤离、风险大、灵活性差、政策限制严格，但是有利于扩大企业的资金实力，并通过部分"拥有"对方的形式，增强各方的信任感和责任感，进而使创新联合体更有紧密度、更具稳定性。

3.1.3　功能型组织模式

功能型组织模式是按照组织框架，设置理事会、专家委员会和秘书处（或办公室）等功能部门并定期选举产生、按期任职的方式构建低碳科技创新联合体的组织模式。其中，理事会为创新联合体的最高权力机构，由成员单位的主要负责人或指定代表人员构成并选举产生理事长，而理事长召集和主持理事会，以此为其决策方式，商议决定创新联合体事项；专家委员会是理事会的技术决策咨询机构,也是创新联合体技术创新项目的具体执行机构,由理事会聘任专家委员,其人员为成员单位或国内外行业领域的知名专家学者,专家委员会召开定期或不定期会议达成共识后向理事会提出建议;秘书处是创新联合体的常设执行机构,工作人员由成员单位主管研发的负责人或外聘人员组成,主要负责创新联合体日常事务和创新项目的协调管理工作。

3.1.4 研发型组织模式

研发型组织模式通常按照创新活动中合作研发的执行方式,依据创新联合体成员各自所处的优势领域,通过成立技术研发小组或成员分工研发的分散式研发方式组织技术攻关;或者是成立合作实验室、共建研发中心或合资成立公司的集中式研发方式组织技术攻关而构建创新联合体。

3.2 投资研发模式

3.2.1 中心化直接投资模式

中心化直接投资模式通常由低碳科技创新联合体成员共同出资协助建设科研中心,再由中心牵头,对符合低碳科技产业发展的企业进行投资,以达到促进低碳科技的创新发展的目的。该模式适用于成员企业资金实力较强、低碳科技实力较为均衡的情况。该模式通过建立中心化投资管理机构(由低碳科技创新联合体成员共同设立)整合创新联合体成员的资源和优势,然后进行企业筛选和投资决策,以此确定低碳科技创新产业发展方向,然后通过创新联合体成员的共同努力,明确低碳科技创新产业的发展趋势和方向,规划低碳科技创新联合体的技术路线。创新联合体成员可按照自身情况,在投资管理机构的决策下,自愿参与对被筛选的企业进行投资。目标企业选择性获得投资,投资的资金可用于低碳创新技术的研发、技术推广等方面。投资管理机构对低碳科技创新产业发展方向相关的具有发展潜力的企业进行支持,以获得与实际投资价值相符的回报,以此让低碳创新联合体各成员共同推动实现低碳技术创新。

3.2.2 分散化投资模式

分散化投资模式是各成员企业根据自身技术和需求，在自身内部进行研发投资的模式。该模式适用于创新联合体成员技术领域相对分散、各成员的技术实力和需求较为具体和明确的情况。各创新联合体成员以自己的资源和资金实力为基础，独立投资开展低碳科技研发项目，研发到一定阶段，再与创新联合体其他成员共享研发成果。该模式下，成员企业可以实现信息互通，并且可以帮助其他成员解决关于自己研发领域的难题，分享在低碳科技领域独特的专业知识和经验，从而实现低碳科技创新联合体各成员的共同进步和技术升级。

3.2.3 联合投资模式

联合投资模式指的是联盟成员按照一定比例共同为研发机构投资，由该研发机构进行研发的投资模式。该模式适用于低碳科技研发周期长、风险较高等情况。创新联合体各成员间建立一个联合投资平台，用于协调和管理联合投资项目的开展。联合投资模式的应用，可以让创新联合体成员在低碳科技研发方面相互支持，通过各成员的投资和提供的资源，将力量集中于低碳科技的某一特定领域，大大增强科技研发的效率，减少单一成员独自研发的风险，减少独自研发可能造成的资源损耗。此外，联合投资也可以促进低碳创新联合体成员之间的合作和交流，推动低碳科技实现更好的技术创新与业务拓展。

3.2.4 联合许可模式

联合许可模式指的是联盟成员共同出资申请专利或购买专利授权，然后共同开展新技术开发的投资模式。该模式适用于成员企业技术领域相对分散且寻求基于共享专利技术的创新研发成果，同时技术相对成熟、应用前景看好、可行性高的情况。创新联合体成员之间通过低碳科技创新技术的研发合作，共同拥有和管理有关低碳科技创新方面的知识产权，并制定合适的共享规则和管理机制，为知识产权使用支付相应的费用，以保护知识产权。联合投资模式和联合许可模式的不同之处在于，联合投资模式侧重于创新联合体成员在某一低碳科技研发项目上的资金、人才、技术等资源的汇聚和共同开发；而联合许可模式则侧重于创新联合体成员之间知识产权的共享和管理,以便更好地实现技术转移和技术共享。

3.2.5 微创新集成模式

微创新集成模式指的是各成员企业利用自身的微小创新积累,在联盟平台上进行技术整合和集成的投资模式。该模式适用于成员企业技术相对分散、但又有较好衔接的情况,能够实现共识和重叠的技术整合。微创新集成模式强调从微观细节入手,通过搜集和整合各种创新资源、构建多元组合创新技术,实现低碳科技创新。创新联合体成员就低碳科技领域的市场需求和存在的技术瓶颈进行交流,并分析市场和技术趋势,再基于技术和市场分析的结果选取关键点创新领域,然后协同开展这些领域的技术创新项目。项目开展过程中,各成员在技术创新方面相互配合,集成各自的技术和资源,实施微创新或较小规模创新,并将其快速融入创新体系中。各成员企业定期共同评估微创新的成果和效果,积累更多的微小创新,在此基础上再进行更大规模的技术创新,实现低碳创新联合体的低碳科技创新的质的发展。

3.3 本章小结

本章基于我国组建的低碳科技创新联合体发展的不同类型,分别介绍了多种项目合作模式和投资研发模式,这些模式殊途同归,均能够加强低碳科技创新联合体各成员间的联系,打破横向壁垒,共享资源和信息,降低创新联合体的技术研发风险,为不同种类的创新联合体能够为低碳转型发展、实现低碳科技创新提供坚实的架构。

第 4 章 低碳科技创新联合体的运行机制

在组织模式和投资研发模式确定之后,我们还应该结合运行机制,建立有效的管理流程和决策机制,只有二者相互匹配、相互配合,才能够实现创新联合体成员之间的合作,协调好各成员之间的关系,制订科学、合理、高效的研发计划,明确分工、责任和进度,使创新联合体的科技创新研发工作高效运转,推动低碳科技的发展。

4.1 风险分担机制

随着"双碳"战略的推进,绿色低碳技术创新的长期性、复杂性和艰巨性不断增大,导致科技创新所需的投入成本不断提升,面临的技术创新风险也愈来愈大。低碳科技创新联合体运作过程中面临的风险包括内部风险和外部风险。其中,内部风险主要包括合作风险、技术风险和财务风险;外部风险主要包括市场风险和环境风险。无论面临哪一种风险,都有可能使整个创新联合体的创新活动陷入困境甚至毁于一旦。因此,建立有效的风险分担机制在创新联合体创新过程中具有重要作用。

4.2 信用维持机制

低碳科技创新联合体技术创新是否获得成功,能否达到预期目标,不仅取决于成员各方技术、资源的互补程度,而且取决于成员各方在合作过程中的信用维持程度。如果联盟中某一成员的信用出现问题,不仅会威胁合作方的经济利益,增加创新联合体整体的运作成本,而且将限制技术的转移和学习的可能性。信用是遵守承诺、履行成约而取得的信任,信用维持机制必须包含一系列规则制度,以规范创新联合体成员的行为,防范成员的机会主义倾向,因此,必须提高知识产权保护意识,保护创新联合体的整体利益,维护创新联合体的稳定性。

4.3 资源共享机制

低碳技术创新需要多种不同的资源及整合平台,而这些要素往往被不同的组织单位拥有。创新联合体的构建使资源共享成为可能。创新联合体通过理事会、技术咨询委员会和研讨会等形式组织成员交流活动,开展成员之间不同技术衔接领域的合作研发,进而实现资源在创新联合体内部的共享并使之机制化。

4.4 利益保障机制

利益是低碳科技创新联合体的核心要素,是连接创新联合体成员的纽带。创新联合体内部虽有合作并创造整体效益,但依然不能改变成员之间的竞争关系,成员仍是以个体利益最大化作为行为导向的。因而,创新联合体的创新活动是各个成员之间的博弈,成员各方都试图从联盟中取得利己又利人的"多赢"效果。利益保障机制的核心是使成员的权利与义务对等,要保障成员的研发投入与收益成正比、成员承担的风险与收益对等、成员类型(如核心成员和一般成员,初创期成员和成长期成员)与收益挂钩。这样才能调动创新联合体成员的积极性,提高创新联合体的稳定性与绩效。

4.5 绩效评价机制

要提升创新联合体运营的效果需要制定相应的考评制度。绩效评价应该以提高创新联合体的整体效益和核心竞争力、实现高效技术创新为目标。创新联合体作为一种新型的技术创新组织,要建立程序规范、决策透明、公平公正的考核标准。绩效评价可分为两方面:一方面,针对创新联合体整体,评价标准可以是研发完成情况、研发成果转化、成员合作协同程度等;另一方面,对于创新联合体成员,评价标准可以是研发任务完成效果、技术竞争力提高、设计研发能力的提升等。

4.6 经费保障机制

组建创新联合体过程中,政府应该给予资金上的支持,对成果转化采取税收优惠,对创新联合体在申请国家项目、省级项目时予以重点扶持,保障参与联合研究的企业利益,实现创新联合体稳步发展。我们探索建立项目经费资金池和绩效奖励资金池,明确企业、团队每年研发经费投入强度,充实各类资金池,通过任务实施、绩效奖励激发成员积极性。

4.7 本章小结

本章介绍了低碳科技创新联合体的运行机制,其和组织模式、投资研发模式相互关联、相互促进,共同促进投资和研发资源的有效利用。低碳科技创新联合体的顺利运行可以让信息和数据在各成员间共享,优化创新联合体各成员间合作关系,确保创新联合体在低碳科技研发方面的决策和管理的科学性,进而为后续低碳科技研究奠定坚实的基础。

第 5 章 低碳科技投资现状及影响要素研究

本章主要对低碳科技目前的发展状况进行梳理,主要包括低碳科技分类及其发展成熟度、国内外低碳科技投资政府支持政策、企业低碳科技投资实践以及低碳科技投资影响因素。通过分析低碳科技投资现状,比较我国与发达国家低碳科技应用差距,分析投资低碳科技的必要性及其影响,为后续章节构建科学的数学模型奠定基础,以便有针对性地提出推动低碳创新联合体领军企业低碳投资的对策建议。

5.1 低碳科技发展现状

加快低碳科技的创新与使用是"十四五"期间的一项重要任务。在我国工业化进程尚未结束、能源消耗不断升级的大背景下,通过技术改造现有设备是提高能源利用效率、减少碳排放量的有效方式。我国现有低碳科技可以分为三类:一类是对煤炭等高排放量化石能源进行加工,使其转变为清洁能源的技术;二是在产品生产及加工过程中采用的去碳技术;三是使用可再生能源技术。

在清洁能源技术方面,目前比较成熟的主要有石灰石-石膏湿式烟气脱硫工艺、煤炭洗选、型煤加工和水煤浆制备技术、循环流化床燃烧技术、煤气化联合循环发电技术、油气资源和煤层气的勘探开发技术等。燃煤电厂、钢铁企业等主要采取此种低碳科技。清洁能源技术从源头出发,通过对现有设备进行技术改造,使原材料变为更加清洁的能源,可以提高原材料的使用效率,生产更多的低碳产品。

在去碳技术方面,目前应用比较多的是二氧化碳捕获与封存技术,此技术作为能够有效减少燃煤电厂等高耗能企业二氧化碳排放的碳减排技术被列入《联合国气候变化框架公约》以及《京都议定书》中。此外,我们还可以将捕获到的二氧化碳进行再利用,使其变为能源供生产使用。

可再生能源技术目前主要有核能、太阳能、风能、生物质能等再生资源技术,这些技术使用清洁可再生能源代替化石能源,不仅减少了煤炭、石油等不可再生能源的使用量,达到节约资源的目的,而且从源头上减少了温室气体排放量,实现了节能与环保双赢目标。在可再生能源技术方面,我国太阳能可再生能源技术表现突出,光能应用进入快速发展期。2020年我国光伏装机容量超过253GW,光伏发电量超过3 000亿度,在全球排名前十的光伏企业中,前五名都是我国企业。此外,我国还积极探索"光伏+"项目,如"光伏+制氢""光伏+新能源汽车"等,这些技术均具有广阔的发展前景。

综上,由于采用清洁能源的成本较高,且目前我国清洁能源的开发与利用还处于初级阶段,低碳科技创新联合体中的领军企业在短期内难以替代以煤、原油等化石能源为主的能源消耗。鉴于我国目前发展现状,引用低碳科技对现有设备进行改造升级是降低碳排放、推动领军企业低碳转型最为直接有效的方式。

5.2 低碳科技投资现状

随着全球环境问题日益突出,企业越来越重视环境保护,并对低碳科技投资进行了大量实践,这些实践主要集中在低碳技术研发、清洁能源生产、高碳设备改造等环节。在低碳技术研发方面,低碳科技联合体中的领军企业通过与伦敦帝国学院、美国能源生物科学研究所、英国能源技术研究所、北京低碳清洁能源研究院等国内外高校以及科研机构合作,进行低碳技术研发。在清洁能源生产与使用方面,埃克森美孚公司投入资金支持氢能、藻类生物能源等项目的研究,BP公司将资金应用于风能、太阳能等新能源的开发与使用,华能国际专注于水能、风能、光能建设,投资建设了6座水电站、25座风电场以及沁北光伏项目等多个光伏新能源项目,安徽海螺水泥股份有限公司投资50亿元用于光伏发电站、风力发电站、储能电站的建设。领军企业通过投资开发新能源,代替传统化石能源的使用，减少生产过程中的碳排放量。在高碳设备改造方面，萨斯喀彻温省电力公司投资15亿加元建设了全球第一座采用CCS技术的火力发电厂，壳牌石油公司、Petra Nova Parish控股公司、中国石油集团资本股份有限公司、陕西国华锦界能源有限责任公司、中国石油化工集团有限公司等高耗能企业纷纷投入资金进行CCS/CCUS等前沿技术建设。

与发达国家相比，我国企业低碳科技投资实践开始较晚，还处于初期发展阶段。由于低碳科技的使用成本较高，资金投入量大，且短期内难以收回成本，所以很多企业（特别是中小企业）面对高昂的费用支出不愿意投资低碳科技。因此，为加快碳减排进程，政府要发挥引领作用，支持和引导国内企业积极采用低碳科技。为减缓企业投资压力，我国政府出台了大量的政策来鼓励企业投资低碳科技，为提升低碳科技市场化程度提供保障，积极应对气候变化对人类生产生活带来的影响（见表5—1）。碳税、碳金融、低碳补贴等都是政府常用的激励企业低碳科技投资的政策工具。

表5—1 政府低碳科技政策汇总

年份	政策	工作重点
2022	《科技支撑碳达峰碳中和实施方案（2022—2030年）》	组建科技创新专门委员会，加强技术研发和投入，建立保障机制和考核评价机制，改革科研体制机制
2022	《财政支持做好碳达峰碳中和工作的意见》	鼓励企业研发新技术，使用清洁能源，完善碳交易市场建设，推广低碳技术的研发与使用，加强"双碳"目标实现路径研究
2021	《2030年前碳达峰行动方案》	大力推动清洁能源的开发使用，代替传统煤炭等能源的使用，改善现有能源消费结构
2021	《关于完整准确全面贯彻新发展理念做好碳达峰碳中和工作的意见》	减少非化石能源消费，构建清洁低碳安全高效的能源体系，用清洁能源取代化石能源，减少化石能源消耗
2020	《中共中央关于制定国民经济和社会发展第十四个五年规划和二〇三五年远景目标的建议》	完善低碳经济相关规定，充分发挥绿色金融对低碳科技创新的支持作用，推动高污染行业进行低碳化改造

国外发达国家近年来加大了低碳科技项目支持力度。鉴于我国低碳科技起步较晚，我们应借鉴发达国家的建设经验加快推动我国高碳行业的改造进程。2021年10月，美国能源部拨款2 000万美元用来进行CCS技术建设，并设计

了相关法案对CCS技术进行税收减免,通过税收优惠的方式来鼓励企业投资应用CCS技术,且没有总抵免额的限制。在2021年,又设立了BBB法案来扩大支持面,提高了税收减免的力度。此外澳大利亚、挪威也投入资金应用CCS技术。碳捕获与封存技术已在多个国家得到支持与应用,部分国家或地区的低碳科技投资实践如表5—2所示。

表5—2　　　　发达国家或地区低碳科技投资主要措施

国家或地区	主要措施
美国	能源部拨款2 000万美元帮助各国部署碳捕集和封存,根据45Q法案为碳封存提供税收抵免,以鼓励对碳捕集项目的投资
澳大利亚	在碳捕集和封存项目上投资超过3亿澳元,为期10年
挪威	拨款17亿欧元在奥斯陆峡湾地区的工业工厂(水泥和废物转化为能源)捕集二氧化碳,压缩并通过船舶和管道运输
欧盟	欧洲NER300、Horizon 2020、Horizon Europe等基金都发布了为CCUS项目提供公共资金支持的计划,2020年6月创立的总额为100亿欧元的欧洲创新基金(Innovation Fund)被广泛认为会成为今后CCUS项目的主要公共资金来源
日本	海外投资美国的Petra Nova项目、东南亚的EOR项目等CCUS项目
英国	投入5 500万英镑支持开发工业低碳燃料技术,通过总值达9 000万英镑的资助计划支持一系列清洁能源项目,帮助一些工业领域和民众家庭降低碳排放
德国	提出实施气候保护高技术战略,先后出台了5期能源研究计划,以能源效率和可再生能源为重点,为"高技术战略"提供资金支持

5.3　低碳科技投资的影响要素分析

从目前低碳科技投资现状来看,影响领军企业低碳科技投资的因素主要有碳排放权配额与交易、碳税、碳减排补贴、消费者低碳偏好、绿色金融等。从政府角度来看,碳配额与交易、碳税、碳减排补贴等国家政策可以帮助实现碳减排、实现总量控制的目标;从消费者角度来看,消费者的环境保护意识逐渐增强,对低碳水平的敏感度逐步升高,愿意为低碳产品付出更多的资金,这也可以提升企业低碳生产的积极性。从企业角度来看,绿色信贷政策可以为企业低碳科技投资提供资金,缓解企业在资金约束情况下融资难的问题。

5.3.1 碳配额与交易

碳排放权配额与交易是减少二氧化碳排放量的重要手段。早在 2005 年欧盟就推出了碳排放交易体系，并于 2008 年正式施行，建立了世界上最大的碳排放交易市场，美国、澳大利亚、加拿大等发达国家也陆续采用碳排放权交易的形式进行碳减排。借鉴发达国家碳减排经验，抓住碳交易市场的机遇，我国在 2011 年选取了七个城市进行碳排放权交易试点，并于 2013 年开始上线交易，石化、化工、钢铁、有色、电力等高耗能行业也已逐步被纳入碳交易体系。截至 2022 年 12 月 22 日，我国碳交易累计成交额已超过 100 亿元，我国碳交易市场已取得阶段性突出成果。

我国碳交易市场的主要思路是，以"谁污染、谁付费"为原则，由政府及相关部门设定碳排放量总额，按照一定的标准将碳排放量总额分配给各个企业；允许碳排放配额在市场上进行交易，当企业碳排放量低于政府分配的碳配额时，企业可以将多余的碳配额在市场出售，从而获得一定的碳交易收益；当企业碳排放量超过政府分配的碳配额时，为避免政府惩罚，企业将会在碳交易市场上买入碳配额。

碳排放权配额与交易是一项激励性政策。实践表明，与其他碳减排政策相比，碳排放权交易机制可以达到更大的经济效益，碳交易通过缓解企业融资、减轻政策负担、促进企业技术创新等方式提高了企业的投资效率。被纳入碳交易体系中的企业通常会在碳减排技术与碳配额利益之间进行权衡，当企业通过引用碳减排技术或者购买碳减排设备等付出的成本大于在碳交易市场上购买碳配额付出的成本时，通过引用低碳技术将会增加企业的负担，企业更愿意维持现有技术水平，并在碳交易市场上购买碳配额来达到政府规定的碳排放要求；当企业通过引用碳减排技术或者购买碳减排设备等付出的成本小于在碳交易市场上购买碳配额付出的成本时，企业更愿意引入低碳科技。一方面，企业能够实现降低碳排放的目标，并承担保护生态环境的社会责任；另一方面，企业通过出售多余的碳配额给企业带来一定的碳减排收益，实现碳减排与收益增加双赢。由此可见，碳排放限额与交易是一种灵活的碳减排政策，是企业低碳科技投资优化配置的过程。

5.3.2 碳税

碳税是指以产品碳排放量为计算基础而征收的一种税,目前碳税应用比较成熟的国家主要分布在北欧。与碳配额与交易的作用相似,碳税的实施也是为了激励企业进行碳减排,达到保护环境的目的。由于流程简单、实施成本较小等优势,碳税获得了许多国家的青睐。刘双柳等(2022)指出,碳税可以从两方面发挥作用:一方面为减少碳排放量,另一方面为加快低碳科技的开发与使用。目前我国税收体系比较完善,管理成本较低,所以碳税被认为是降低二氧化碳排放的最有效的手段,可以直接通过碳税税额的高低对企业行为进行约束。Ding等(2019)的研究表明,与低碳税税率相比,高碳税税率下我国碳排放峰值较低。从短期来看,征收碳税增加了企业的成本支出,但是从长期来看,企业为减少税收支出以及承担碳减排的责任,会主动投资使用低碳科技,实现技术进步、经济发展与环境改善的多重目标。与其他碳减排影响因素相比,碳税作为一种国家治理手段,具有较强的强制性与约束性。

目前碳税的实施也存在一些问题。其一,碳税的实施对象是全体国民,以收入为基数缴纳碳税,这样会加剧社会的不平等,而且现在全球各个国家碳税政策不一致,难以形成统一的国际标准。其二,碳税税率难以确定。如今我国还未形成成熟的碳税缴纳机制,如果碳税税率设定过高,企业盈利能力下降,资金难以支撑企业日常运营活动,从而降低了投资低碳科技的能力,如果碳税税率设定较低,则不能对企业碳减排起到激励作用,不利于我国的绿色低碳可持续发展。其三,我国法律法规、市场监管体系尚需完善,存在包庇行为,不能完全发挥碳税的作用。

5.3.3 碳减排补贴

碳减排补贴是激励企业碳减排最常见的方式,主要是指政府通过财政直接拨款或者间接资源分配的方式为企业提供经济补偿。

发展中国家与发达国家的碳减排补贴政策补贴侧重点不同,但是目的都是保护生态环境,实现可持续发展。中国、越南、印度等发展中国家忽视了外部性给国内环境带来的影响,增加了高耗能产业产品的出口量,承接了来自发达国家的污染物转移。随着经济的发展,这些国家开始逐渐意识到高耗能产业给生态环境造成的危害,公众的环保意识也越来越强,因此,为转变目前生态环境污染现状,降低高耗能行业污染物排放量,这些国家的政府尝试通过碳减排补贴的方式来鼓励企业提高绿色发展水平。目前,主要的碳减排补贴方式有货币性资产形式补助以及非货币性资产形式补助,如财政拨款、财政贴息、税收折扣、税收退回、无偿划拨土地使用权等。发达国家的碳减排补贴主要用于可再生能源的使用,如对新能源汽车的价格进行补贴。

对于政府来说,碳减排补贴有利于利用政府的公信力,引导企业改变资源配置方式,督促企业碳减排行为;对于高耗能企业来说,碳减排补贴可以减轻企业低碳科技投资的资金压力,为企业提供现金流,使得企业融资更加容易。

5.3.4 消费者低碳偏好

消费者低碳偏好是消费者的环保意识在产品市场的体现。近年来,随着我国对环境保护以及低碳消费的宣传,消费者的环保意识逐渐增强,消费者的购买行为也发生了变化。与普通商品相比,消费者更愿意花费更高的金额购买低碳产品。消费者购买行为的转变,引起了产品市场需求的变化,随着消费者对低碳产品的偏好性的增强,低碳产品的市场需求呈现逐步上升的趋势,不仅下游零售商因产品产量的增加而获得更多的收益,而且上游产品制造商因此获得更高的收益,从长远利益角度考虑,企业愿意生产低碳产品。消费者低碳偏好不仅推动了低碳产品的生产,而且促进了绿色包装、绿色物流的发展,同时给销售人员提出了低碳宣传等新营销方式。

为获得更多的销售收益,企业会增加低碳产品的供给量,这对企业低碳化生产起到了一定的激励作用。企业有两种途径转变现有生产方式,一种是采用清洁能源进行生产,另一种是对现有设备和工艺进行改造。无论采用哪种改造方式,都需要引进低碳科技,因此,投资低碳科技显得尤为重要,其也是企业进行碳减排、满足消费者需求的重要方式。

5.3.5 资金约束

低碳科技投资是一项资金量需求大同时回报周期长的项目,因此给很多领军企业带来了较大的资金压力,自有资金难以满足碳减排科技投资的资金量,存在着资金约束的状态，制约着企业的低碳转型进程，很多企业通过融资的手段来缓解资金压力，因此，建立科学的融资模式至关重要。但是传统的融资方式存在融资壁垒比较高、融资渠道单一、融资成本大等特点，因此有必要出台绿色金融政策来克服传统融资方式的劣势。

目前，比较主流的融资模式主要有外部融资与内部融资两种。外部融资主要是通过银行贷款的方式为企业提供资金，内部融资主要是通过供应链上下游企业为融资主体提供资金。由于上下游企业的资金是有限的，能够为融资主体提供的资金也是有限的，无法满足融资需求，因此发展规模较大的企业往往更加倾向于外部融资。

为解决企业碳减排资金缺口问题，我国政府及各相关金融机构制定了多项措施给企业提供资金支持，比如应用于供配电系统、绿色工厂等的上海产业绿贷、湖州绿色工厂贷、台州节能贷等特色绿色信贷产品，通过多种渠道，帮助企业募集更多的资金，督促企业进行碳减排。从宏观来看，绿色金融主要是以国家货币政策为引领，以金融机构融资平台为依托，在成熟的信贷评估机制下，为碳减排专项项目提供低成本的资金，解决企业碳减排科技投资资金缺口，助力我国"双碳"目标的实现；从微观来看，企业引入低碳科技需要付出高昂的成本，除满足日常生产经营外，企业没有足够资金投资使用低碳科技，从而阻碍了企业的发展进程，绿色金融通过为企业提供低于一般利率的资金支持，减轻了企业部分偿还压力，又能达到碳减排的目的，是一种良好的碳减排融资手段。

5.4 本章小结

各类高耗能行业的绿色低碳转型离不开企业低碳技术研发和相关项目的投资，因此要通过节能降耗、清洁低碳新技术助力实现双碳目标和经济高质量发展目标。本章在概述低碳科技发展现状与国内外能耗情况、国内外低碳投资现状以及我国与国外差距的基础上，指出低碳科技投资的必要性，分析政府补贴政策对于领军企业低碳科技投资的实际应用情况。同时，本章从碳配额与交易、碳税、碳减排补贴、消费者低碳偏好以及资金约束五方面分析了影响企业低碳科技投资的因素，为后续分析不同情境下低碳科技投资策略奠定了基础。

第三部分

投资研发策略

第6章 低碳科技创新联合体投资研发策略研究

6.1 背景描述与基本假设

本章分析了在政府低碳政策引导下产业链中以科技领军企业为主导组建创新联合体的低碳科技投资研发问题。科技领军企业主要负责低碳科技的投资及应用,并和院校及科研机构合作对低碳科技核心技术进行研发攻关。研究发现,消费者更加倾向于购买贴有低碳标签的产品,这表明消费者低碳需求偏好将刺激企业采纳低碳技术,减少生产过程中的碳排放量。在碳交易政策下,企业采纳低碳技术后减少的碳排放量的价值由碳交易市场价格决定。因此,考察领军企业采纳低碳技术的收益,主要受到消费者对低碳产品偏好以及碳交易市场碳价波动的影响。

假设1:科技领军企业只生产一种产品,产品销售量达到企业的年最大生产能力 Q(常数)。采纳低碳技术对生产效率无影响,此项投资是不可逆的,企业风险偏好为中性。科技领军企业采纳低碳技术后,将立即获得碳减排额并长期稳定持有,最早可在 $t=0$ 时刻进行投资。

假设2:设采纳低碳技术前单位产品碳排放量为 e_0,采纳低碳技术后单位产品碳排放量为 e,低碳技术减排率 $\eta = \dfrac{e_0 - e}{e_0}$。

假设3:科技领军企业碳减排技术一次性投资成本为 I,科技领军企业碳减排技术日常运行维护成本为 M。

假设 4：t 时刻碳排放权价格为 $p_c(t)$，且服从几何布朗运动，满足

$$dp_c(t) = \mu p_c(t)dt + \sigma p_c(t)d z(t) \tag{6—1}$$

其中，$\mu > 0, \sigma > 0$ 是漂移项和方差，漂移系数为期望增长率，且满足 $0 \leqslant \mu < r$（r 为无风险利率，由资本市场平均收益率代入计量），方差 σ 表示碳价波动；$d_{z(t)}$ 为标准维纳过程的增量，且有 $d_{z(t)} \sim N(0, d_t)$；dt 为无限趋近零的时间间隔。

假设 5：其他条件不变的情况下，企业在投资低碳科技后产品价格有一定程度上升，且低碳产品的销售溢价 ω 与低碳技术减排率 η 成正比，则有 $\omega = \lambda \eta$，λ 为产品低碳化对产品市场价格的提升系数，则投资低碳科技后单位产品的售价 $P_1 = (1+\lambda\eta)P_0$（P_0 为采纳低碳科技前单位产品的价格）。

假设 6：科技领军企业需要缴纳一定的碳税，按企业一年内产生碳排放总量计算所需缴纳税额，企业采纳低碳技术后可以少缴纳的碳税税额为：$F = \eta k e_0 Q$，k 为碳税税率。

假设 7：政府给予科技领军企业低碳科技投资一定的补贴，补贴方式为最普遍的对前期一次性成本进行补贴，补贴比例为 θ。

6.2 模型构建与最优投资时机分析

6.2.1 模型构建

设科技领军企业在 t 时刻投资低碳科技，且投资低碳技术是一次投资长期获益，考虑碳交易价格随机波动将产生不确定性风险，可采用实物期权评估碳减排量在碳交易市场中的期望价值，在碳交易市场中企业采纳低碳技术获得收益的现值为：

$$V(t) = \int_t^\infty p(s) \eta e_0 Q e^{-r(s-t)} ds \tag{6—2}$$

考虑到企业投资低碳技术后的期望净收益由碳减排量在碳交易市场中的期望价值现值、投资低碳技术可减少缴纳的碳税额、低碳产品与传统产品差额、日常维护成本以及碳减排技术投资成本五个部分构成，其可表示为：

$$W(t) = E\left[\int_t^\infty \left(p(s)\eta e_0 Q + \eta k e_0 Q + \lambda \eta P_0 Q - M\right)e^{-r(s-t)}ds - (1-\theta)I\right]$$

$$= \frac{\eta e_0 Q p(t)}{r-\mu} + \frac{k\eta e_0 Q + \lambda \eta P_0 Q - M}{r} - (1-\theta)I$$

(6—3)

6.2.2 门槛碳价分析

领军企业风险态度为风险中性,因此只有在有利可图时(即科技领军企业采纳低碳技术的期望投资收益为正值时)才会考虑采纳低碳技术,则需满足式(6—3)大于等于 0,即当 $p(t) \geqslant \left[\frac{r(1-\theta)I - (k\eta e_0 Q + \lambda \eta P_0 Q - M)}{r\eta e_0 Q}\right](r-\mu)$ 时,科技领军企业进行低碳科技投资才是有利可图的,令 p^* 为科技领军企业投资低碳科技的门槛碳价,则

$$p^* = \left[\frac{r(1-\theta)I - (k\eta e_0 Q + \lambda \eta P_0 Q - M)}{r\eta e_0 Q}\right](r-\mu) \quad (6—4)$$

6.2.3 最优投资时机

在投资低碳科技之前,科技领军企业持有投资期权,但等待期间不产生碳交易收益。科技领军企业将根据低碳技术投资的预期收益最大化原则来选择投资时机,即到某一时刻碳排放权交易价格首次达到采纳门槛,就停止等待执行投资行动。因此,该问题其实就是一个最优停时问题。

在投资低碳技术前,对科技领军企业而言,低碳技术的采纳机会可视为其拥有的一项实物期权权益,由投资低碳技术获得的碳减排量具有的期权价值变动损益确定,在等待区间期权价值变动满足 Bellman 方程:$rWdt = E[dW]$。

结合伊藤引理,看涨期权的期望价值函数满足微分方程:

$$\frac{1}{2}\sigma^2 p^2 W'' + (r-\mu)pW' - rW = 0 \quad (6—5)$$

式(6—5)的通解为 $W = C_1 p^{\varepsilon_1} + C_2 p^{\varepsilon_2}$,其中 λ_1、λ_2 均为常数。

由迪克西特(Auinash K. Dixit)与平迪克(Robert S. Pingdyck)的结论可推导出 $C_2 = 0$,$\varepsilon_1 = \frac{1}{2} - \frac{\mu}{\sigma^2} + \sqrt{\left(\frac{\mu}{\sigma^2} - \frac{1}{2}\right)^2 + \frac{2r}{\sigma^2}} > 1$。

假设在 T 时刻科技领军企业停止等待执行投资行动,可使投资低碳科技的预期收益最大。令 W_T 表示低碳科技采纳收益的期权价值函数,则:

$$W_T = \max_{T \geqslant 0} E\left[\left(\frac{\eta e_0 Q p(t)}{r-\mu} + \frac{k\eta e_0 Q + \lambda \eta P_0 Q - M}{r} - (1-\theta)I\right)e^{-r(t-T)}\right]$$
(6—6)

由 $E\left[\frac{\eta e_0 Q p(t)}{r-\mu} + \frac{k\eta e_0 Q + \lambda \eta P_0 Q - M}{r} - (1-\theta)I\right]e^{-r(t-T)} = \left(\frac{\eta e_0 Q p_T}{r-\mu} + \frac{k\eta e_0 Q + \lambda \eta P_0 Q - M}{r} - (1-\theta)I\right)\left(\frac{p(t)}{p_T}\right)^\varepsilon$,令 $\frac{\partial}{\partial p_T}\left(\frac{\eta e_0 Q p_T}{r-\mu} + \frac{k\eta e_0 Q + \lambda \eta P_0 Q - M}{r} - (1-\theta)I\right)\left(\frac{p(t)}{p_T}\right)^\varepsilon = 0$,可得低碳科技最优采纳碳价为:

$$p_T = \frac{\varepsilon}{\varepsilon - 1}\left[\frac{r(1-\theta)I - (ke_0 Q + \lambda \eta P_0 Q - M)}{r\eta e_0 Q}\right](r-\mu) \quad (6—7)$$

观察式(6—4)与式(6—6)可以发现最优采纳碳价 p_T 比门槛碳价 p^* 多了系数 $\frac{\varepsilon}{\varepsilon - 1} > 1$,表明门槛碳价是投资低碳科技盈亏平衡点的碳价水平,而科技领军企业最佳投资时机的碳价水平要超过门槛碳价。

在协同决策情形下,供应链采纳低碳技术的期权价值 W 可表示为:

$$W[p(t)] = \begin{cases} \left(\frac{\eta e_0 Q p_T}{r-\mu} + \frac{ke_0 Q + \lambda \eta P_0 Q - M}{r} - (1-\theta)I\right)\left(\frac{p(t)}{p_T}\right)^\varepsilon, p(t) < p_T \\ \frac{\eta e_0 Q p_T}{r-\mu} + \frac{ke_0 Q + \lambda \eta P_0 Q - M}{r} - (1-\theta)I, p(t) \geqslant p_T \end{cases}$$
(6—8)

p_T 对应的最优投资时机为:

$$T^* = \frac{\ln\left(\frac{p_T}{p_{c0}}\right)}{\mu - \frac{\sigma^2}{2}} = \frac{\ln\left(\frac{\zeta}{\zeta-1}\left[\frac{r(1-\theta)I - (ke_0 Q + \lambda \eta P_0 Q - M)}{r\eta e_0 Q}\right](r-\mu)\right)}{\mu - \frac{\sigma^2}{2}}, T^*$$

即碳价第一次达到最优投资碳价 p_T 的时刻。

推论1:低碳科技门槛碳价 p^* 与最优投资碳价 p_T 均与碳减排率 η 呈负相关关系,高减排率可刺激领军企业的投资行为,即预期技术改造后的减排率越高,科技领军企业越有动力进行投资。从这个意义上来说,减排率可视为项目投资的回报率,对于同一种减排项目,减排率越大,回报率就越高,投资阈值则越低;而对于不同的减排项目,在其他条件不变的情况下,减排率越大的项目也越受科技领军企业的青睐。

推论 2:低碳科技门槛碳价 p^* 与最优投资碳价 p_T 均与碳税税率 k 呈负相关关系,随着碳税税率 k 提高而降低,表明政府若提高碳税税率则会降低领军企业采纳低碳技术的投资门槛,加快低碳技术采纳。当碳税税率较高时,企业需要缴纳更多的碳税,希望提早采纳低碳技术减少碳排放,从而降低缴纳的碳税额;而当碳税税率较低时,企业不会过多考虑碳税负担的影响,从而会推迟投资,等待更高的碳交易回报时机。

推论 3:低碳科技门槛碳价 p^* 与最优投资碳价 p_T 均与低碳产品价格提升系数 λ 呈负相关关系,低碳产品价格提升系数越高,企业投资低碳科技的门槛碳价与最优投资碳价就越低,也会激励企业加快投资低碳科技,生产更加低碳环保的产品。反之,低碳产品价格提升系数越低,则会提高企业投资低碳科技的门槛,此时企业若投资低碳科技将会付出巨大的成本,但是投资后的收益提升甚微,因此企业不愿意过早投资低碳科技,对企业低碳投资产生消极影响。

推论 4:低碳科技门槛碳价 p^* 与最优投资碳价 p_T 均与政府补贴比例 θ 呈负相关关系,随着成本补贴比例的提高而降低,表明政府若提高成本补贴比例则会降低科技领军企业低碳科技的投资门槛,加快低碳科技投资进程。当政府成本补贴比例较高时,政府给予企业补贴缓解了企业部分资金压力,有利于增强企业投资低碳科技的意愿,从而加快投资进程;而当成本补贴比例较低时,低碳科技投资由于短期内难以收到回报,且需要投入较多的资金,因此企业会推迟投资,等待更高的低碳科技投资回报时机。

6.3 算例分析

为了进一步利用模型探知各变量对最优碳价的影响,本书以典型案例为基础,将参数真实值代入方程求解,并画出关系图,从直观上把握投资决策如何受研究变量的影响,使模型的结论更加清楚易懂。本章以电力领军企业投资 CCS

技术实际数据进行仿真分析,由于CCS技术水平要求高、投资需求大,在中国尚未普及,所以获取实际数据比较困难。为了解决这一问题,碳市场交易价格、CCS投资成本选取部分国际数据、部分同行业类比以及部分理论估计值。总之,本书力图选取具有行业代表性的项目数据,并以此作为政策制定的参照。

6.3.1 参数说明

(1)假设原排放主体为火力发电厂。参照亚洲发展银行中国CCS示范项目经济分析部分案例数据,改造碳捕集、封存与利用装置,新增投资成本10.6亿元。

(2)年发电量是装机容量与年利用小时(设为5 700h)的乘积,即年发电量Q为600MW×5 700h=3.42×106MW·h。

(3)已知标煤碳元素含量为85%,C和CO_2分子量分别为12和44,热效率为0.449,则CCS投资前单位发电量的碳排放量为0.449×0.85×44/12=1.4,CCS设备安装后碳捕集率为90%,因此,CCS投资后单位发电量的碳减排量为0.449×0.85×44/12×(1−90%)=0.2。

(4)参考2010年环保部规划院课题组建议的税率水平,将碳税税率初始水平设定为20元/吨CO_2。

(5)无风险利率用2021年12月末10年期国债到期利润率代替,取值为2.78%,CCS投资后电价提升系数为0.05。

(6)参照2013年平均上网电价为0.31元/千瓦时,初始政府补贴比例设为20%。

(7)项目建成投入使用后仍然需要额外投入资金维持其运行,并且由于使用捕集和存储二氧化碳的技术,必然导致比一般电厂更多的运营成本。参考文献,设CCS设施的碳减排成本为450元/吨CO_2,则整个项目期内CCS运营成本为450×0.2×3.42×106=3.1×108元。

6.3.2 敏感性分析

1. 碳减排率对最优投资时机的影响

碳价波动率分别为0.2、0.4、0.6,碳减排率与最优投资碳价的关系如图6—1

所示：

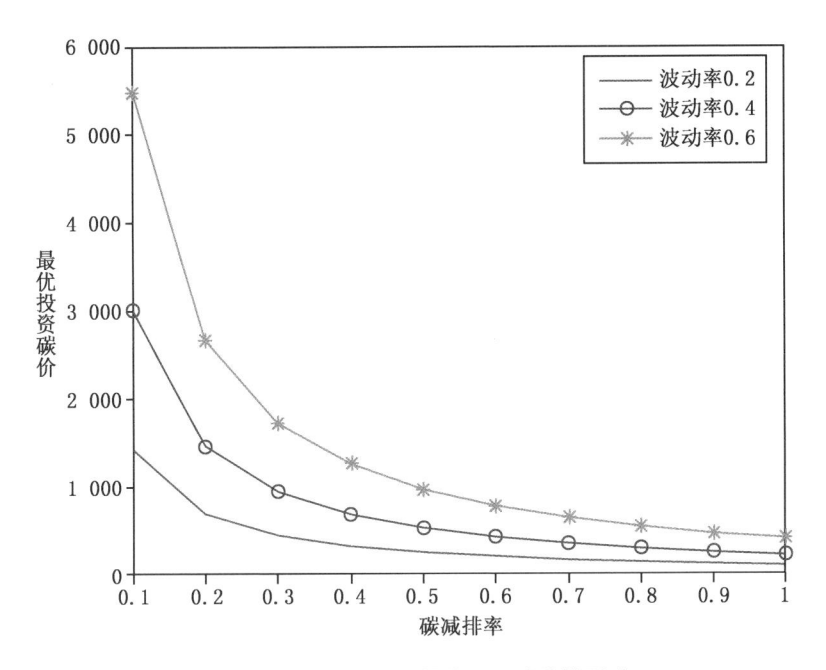

图 6—1 碳排放率对最优采用碳价的影响

最优投资碳价随着碳减排率的增大而降低，即碳减排率越大最优采纳碳价越低，预期低碳科技投资后的减排率越高，越能诱导发电商的投资行为。一方面，企业碳减排率越高，企业可以在碳交易市场上出售的碳排放权就越多，获得的收益也越多；另一方面，较高的碳减排率不仅给企业带来经济效益，而且会给企业带来较高的环境效益。投资低碳科技后大大减少了碳排放量，不仅保护了环境，承担起降污减排的责任，而且提升了企业的声誉，从而可以增加企业低碳产品销售量，并增加企业利润，验证了推论 1。

2. 碳税税率对最优投资时机的影响

最优采纳碳价随着碳税税率提高而降低，即碳税税率越高，供应链企业最优采纳碳价越低（见图 6—2），说明在政府提高碳税税率时，企业会加快投资低碳技术来减少碳排放，从而降低缴纳的碳税额，减少企业资金流出，获取较大的利润，验证了推论 2。从长期来看，碳税是一个有效的环境经济政策工具，能有效地减少 CO_2 排放。降低能源消耗，改变能源消费结构，短期内抑制经济增长，中

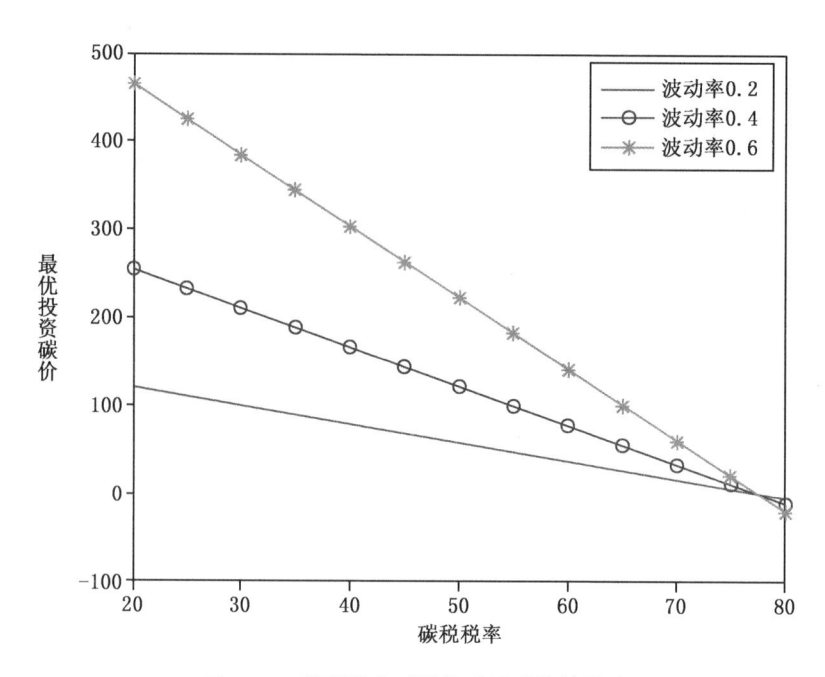

图 6—2 碳税税率对最优采用碳价的影响

长期将有利于经济的健康发展。

3. 价格提升系数对最优投资时机的影响

最优采纳碳价随着低碳产品价格提升系数提高而降低,即低碳产品价格提升系数越高,供应链企业最优采纳碳价越低(见图 6—3),说明在提高低碳产品价格提升系数时,企业会加快投资低碳技术来减少碳排放。科技领军企业在日常生产运营过程中以利润最大化为目标,低碳产品价格提升系数的提高有利于提高企业产品销售收入,从而增加了企业的利润,从而增强了领军企业低碳科技投资的动力,验证了推论 3。

4. 碳减排补贴比例对最优投资时机的影响

政府实施成本补贴政策对降低投资临界值的影响较为显著,最优投资碳价随着成本补贴比例的提高而降低(见图 6—4),即成本补贴比例越高,科技领军企业最优采纳碳价越低,说明在政府提高成本补贴比例时,企业会加快采纳低碳技术来减少碳排放,验证了推论 4。

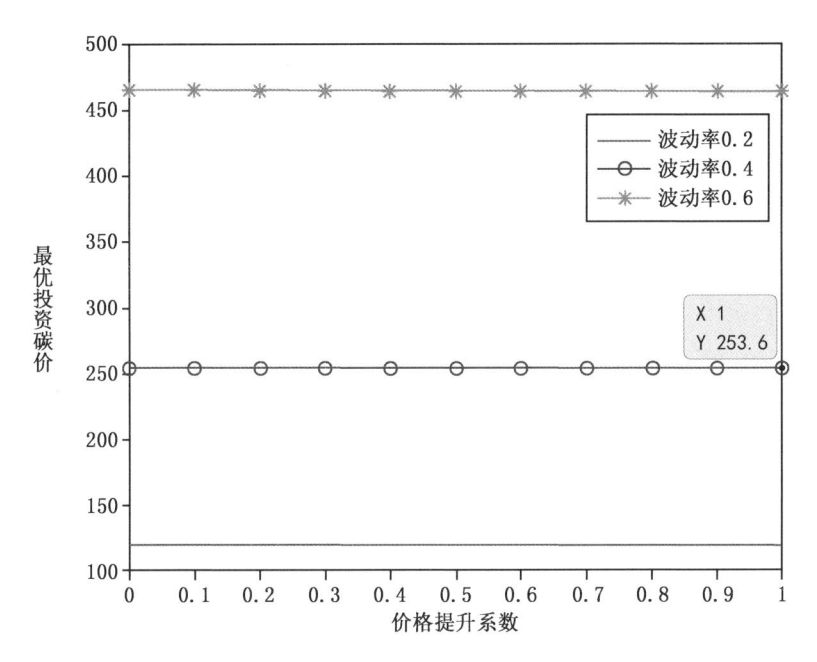

图 6—3　价格提升系数对最优采用碳价的影响

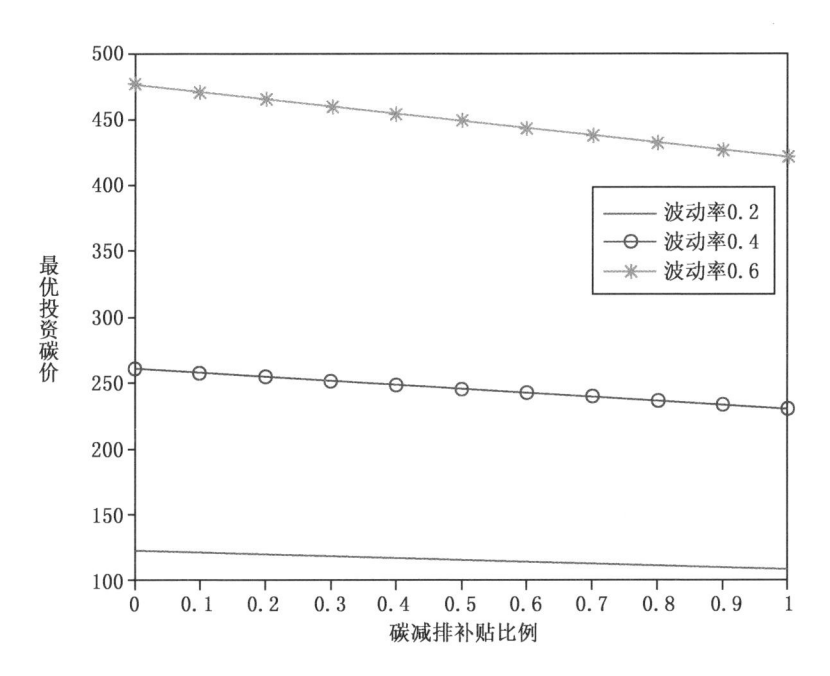

图 6—4　碳减排补贴比例对最优采用碳价的影响

6.4　本章小结

在碳交易、政府补贴和碳税的复合政策下,碳交易价格波动频繁,使得科技领军企业在投资低碳科技时面临更大的不确定性风险,政府补贴为科技领军企业投资低碳科技提供了一定的支持。通过构建实物期权模型,本章研究了碳价格波动、碳减排率、碳税税率以及政府补贴对科技领军企业投资低碳技术的最佳时机的影响。研究结果显示,碳减排率、碳税、低碳产品价格提升系数、政府碳减排补贴比例均对最优投资碳价有负向影响。

第7章 低碳科技创新联合体单阶段投资研发策略研究

7.1 背景描述和基本假设

本章在政府低碳政策引导下,分析产业链中以科技领军企业为主导组建创新联合体的低碳科技投资研发问题。其中,科技领军企业主要负责低碳科技的投资及应用,并和高等院校及科研机构合作对低碳科技核心技术进行研发攻关。一般而言,低碳科技的投资研发受到技术水平、投资成本、运营维护成本、配套工程的实施、化石燃料供求变化、碳排放交易波动以及政策法规等因素影响,存在较大不确定性,同时很难精准估计。在此情形下,本章将影响低碳科技投资研发的因素进行模糊化处理,这样低碳科技投资项目最终计算出来的价值是模糊区间的形式,得出来的结果也更加贴合现实情况。假设如下所示:

假设1:科技领军企业只生产一种产品,产品销售量达到企业的年最大生产能力 Q(常数)。采纳低碳技术对生产效率无影响,此项投资是不可逆的,企业风险偏好为中性。科技领军企业采纳低碳技术后,将立即获得碳减排额并长期稳定持有,最早可在 $t=0$ 时刻进行投资。

假设2:t 时刻碳排放权价格为 $p_c(t)$,且服从几何布朗运动,满足:

$$dp_c(t) = \mu p_c(t)dt + \sigma p_c(t)dz(t) \tag{7—1}$$

式中,μ 大于 0,σ 大于 0 是漂移项和方差,漂移系数为期望增长率,方差 σ 表示碳价波动;$d_{z(t)}$ 为标准维纳过程的增量,且有 $d_{z(t)} \sim N(0, d_t)$;dt 为无限趋近零的时间间隔。

假设3：设采纳低碳技术前单位产品碳排放量为e_0，采纳低碳技术后单位产品碳排放量为e，低碳技术减排率$\eta=\dfrac{e_0-e}{e_0}$。

假设4：科技领军企业碳减排技术一次性投资成本为I，碳减排技术日常运行维护成本为M。技术创新将引发技术变迁，随着技术的进步，运营成本会下降，假设低碳科技日常运行维护成本为$M=M_0e^{-lt}$。

假设5：其他条件不变的情况下，企业在投资低碳科技后产品价格有一定程度上升，且低碳产品的销售溢价为ω，则投资低碳科技后单位产品的售价$P_1=P_0+\omega$（P_0为采纳低碳科技前单位产品的价格）。

假设6：政府给予科技领军企业低碳科技投资一定的补贴，补贴方式为最普遍的对前期一次性成本进行补贴，补贴比例为θ。

7.2 科技领军企业低碳科技投资净现值

从整体来看，低碳科技投资的目的是使得投资收益达到最大值。投资收益是由投资期内的年度现金流贴现和初始投资成本两部分构成的。考虑到低碳科技投资项目存在诸多不确定性影响因素，因此得到项目的期望收益如下：

$$V=E\left[\sum_{t=0}^{T}\pi_t(1+r)^{-t}-(1-\theta)I\right] \quad (7-2)$$

其中，π_t表示t年的现金流量，r表示贴现率，I表示低碳科技初始投资额，θ表示政府补贴比例。

π_t主要由两部分组成，即现金流入与现金流出。现金流入包括采用低碳技术后将多余的碳排放权在碳交易市场上出售获得收益、由于采纳低碳科技产品价格升高而带来的销售收益差价；现金流出包括设备运营维护成本。因此，科技领军企业低碳科技投资的现金流可以表示为：

$$\pi_t=\eta e_0 Q p_c+\omega Q-M_0e^{-lt} \quad (7-3)$$

则科技领军企业低碳科技投资的净现值（NPV）可以表示为：

$$NPV=\sum_{t=1}^{T}(\eta e_0 Q p_c+\omega Q-M_0e^{-lt})(1+r)^{-t}-(1-\theta)I \quad (7-4)$$

7.3 引入模糊理论的科技领军企业低碳科技投资项目净现值

在本书第 6 章中,我们得出碳排放价格、碳价波动率、碳税税率、政府碳减排补贴等均会影响企业低碳科技投资最优时机,而且低碳科技项目在改造初期缺乏历史运营数据作为估值依据,只能通过产品市场、碳交易市场和管理情况对未来现金流进行判断。这种情况所产生的主观误差可以采取模糊数的形式进行修正,因此假设碳排放权价格、碳减排补贴比例、折现率、销售溢价四个不确定性参数为模糊数。

碳排放权价格、碳减排补贴比例、折现率、销售溢价四个不确定性参数的左右模糊数分别为:

$$(\widetilde{p}_c)_\gamma^L = p_c - (1-\gamma)\alpha_{p_c}, \quad (\widetilde{p}_c)_\gamma^R = p_c + (1-\gamma)\beta_{p_c}$$

$$(\widetilde{\theta})_\gamma^L = \theta - (1-\gamma)\alpha_\theta, \quad (\widetilde{\theta})_\gamma^R = \theta + (1-\gamma)\beta_\theta$$

$$(\widetilde{r})_\gamma^L = r - (1-\gamma)\alpha_r, \quad (\widetilde{r})_\gamma^R = r + (1-\gamma)\beta_r$$

$$(\widetilde{\omega})_\gamma^L = \omega - (1-\gamma)\alpha_\omega, \quad (\widetilde{\omega})_\gamma^R = \omega + (1-\gamma)\beta_\omega$$

将碳排放权价格的左右模糊数代入收益函数,得到:

$$(\widetilde{\pi}_t)_\gamma^L = (\widetilde{p}_c)_\gamma^L \eta e_0 Q + (\widetilde{\omega})_\gamma^L Q - M_0 e^{-lt}$$

$$(\widetilde{\pi}_t)_\gamma^R = (\widetilde{p}_c)_\gamma^R \eta e_0 Q + (\widetilde{\omega})_\gamma^R Q - M_0 e^{-lt}$$

将现金流、碳减排补贴比例、折现率代入净现值函数,得到:

$$(\widehat{NPV})_\gamma^L = \sum_{t=1}^{T} \left(\eta e_0 Q (\widetilde{p}_c)_\gamma^L + (\widetilde{\omega})_\gamma^L Q - M_0 e^{-lt} \right) \left(1 + (\widetilde{r})_\gamma^R\right)^{-t} - \left(1 - (\widetilde{\theta})_\gamma^L\right) I$$

$$(\widehat{NPV})_\gamma^R = \sum_{t=0}^{T} \left(\eta e_0 Q (\widetilde{p}_c)_\gamma^R + (\widetilde{\omega})_\gamma^R Q - M_0 e^{-lt} \right) \left(1 + (\widetilde{r})_\gamma^L\right)^{-t} - \left(1 - (\widetilde{\theta})_\gamma^R\right) I$$

其中,$(\widehat{NPV})_\gamma^L$ 表示的是决策者对项目未来现金流量与政府碳减排补贴比例保守估计的同时对折现率乐观估计得到的项目净现值的下限,$(\widehat{NPV})_\gamma^R$ 表示的则是管理者对项目未来现金流量与政府碳减排补贴比例乐观估计的同时对折现率保守估计得到的项目净现值的上限。

7.4 模糊实物期权定价模型

实物期权定价模型主要有连续时间下的 B-S 模型和离散时间下的二叉树模型。当离散时间间隔趋向无穷小时,可从二叉树模型推导出 B-S 模型。这两类实物期权定价模型对参数进行了严格的假设,由于假设过于理想化,模型得出的理论价格与实际价值之间存在一定的差距。于是,研究者们进行了两方面的改进:其一,将更多的参数设为随机变量,例如执行价格、波动率;其二,在现有随机过程中加入跳跃项、价值损漏项,对随机过程进行修正。以上修正均运用随机性来刻画不确定性,但对于随机性无法解决的不确定性问题,模糊理论提供了有力的工具。本章同时考虑实物期权定价的随机性和模糊性,在分析模糊参数设定可行性基础上,运用梯形模糊数对复合实物期权定价模型进行改进,并对模糊参数进行敏感性分析。

B-S 期权定价模型是一个连续型变量的期权定价模型,在运用 B-S 期权定价模型时,要求对低碳科技投资项目的未来现金流量预测精准,无风险利率保持不变;另外,在 B-S 期权定价模型中的项目价值波动率反映整个项目的不确定性,而相关参数在实际获取中无法精确到具体的一个稳定的期望数值。

运用梯形模糊数学方法对标的资产价格、无风险利率和项目价值波动率 3 个参数添加左右扩展值,使得应用 B-S 期权定价模型对低碳科技投资项目进行决策更加科学合理。

利用梯形模糊数赋值标的资产价格(S)、无风险利率(r)、项目价值波动率(σ),公式如下:

$$\widetilde{C} = \widetilde{S} N(\widetilde{d}_1) - X e^{-\widetilde{r}(T-t)} N(\widetilde{d}_2)$$

$$\widetilde{d}_1 = \frac{\ln\left(\frac{\widetilde{S}}{X}\right) + \left(\widetilde{r} + \frac{\widetilde{\sigma}^2}{2}\right)(T-t)}{\widetilde{\sigma}\sqrt{(T-t)}}$$

$$\widetilde{d}_2 = \widetilde{d}_1 - \widetilde{\sigma}\sqrt{(T-t)}$$

由 α-截集的定义,得模糊 B-S 公式为:

$$\widetilde{C} = \left[\underline{c}_\alpha, \bar{c}_\alpha\right] = \left\{\underline{S}_\alpha N(\underline{d}_1)_\alpha - X e^{-\bar{r}_\alpha(T-t)} N(\bar{d}_2)_\alpha, \bar{S}_\alpha N(\bar{d}_1)_\alpha - X e^{-\underline{r}_\alpha(T-t)} N(\underline{d}_2)_\alpha\right\}$$

其中，$(d_1)_\alpha = \dfrac{\ln \dfrac{\underline{S}_\alpha}{X} + \left(\underline{r}_\alpha + \dfrac{\sigma^2}{2}\right)(T-t)}{\sigma\sqrt{(T-t)}}$

$(\overline{d}_1)_\alpha = \dfrac{\ln \dfrac{\overline{S}_\alpha}{X} + \left(\overline{r}_\alpha + \dfrac{\sigma^2}{2}\right)(T-t)}{\sigma\sqrt{(T-t)}}$

$(\underline{d}_2)_\alpha = (\underline{d}_1)_\alpha - \overline{\sigma}_\alpha \sqrt{(T-t)}$

$(\overline{d}_2)_\alpha = (\overline{d}_1)_\alpha - \underline{\sigma}_\alpha \sqrt{(T-t)}$

模糊 B-S 期权定价模型将变量值模糊化处理，使得参数不再是隶属度仅为 1 的确定值，将参数数值固定在一定的模糊区间内。在低碳项目投资决策中，项目现金流、项目波动率和无风险利率是 3 个较难准确评估的参数，这里运用梯形模糊数将其融入期权定价过程中，并利用截集概念得到低碳科技投资项目期权价值的集合。

7.5 算例分析

某一科技领军企业进行全流程超低排放改造，初始投资为 10 亿元，项目期限为 10 年，2022 年预测碳价为 49 元/吨 CO_2，碳减排率为 90%，产品年产量为 3.42×10^6，销售溢价为 1.5，初始运营维护成本为 67.5，折现率取值 8.2%，碳减排补贴为 0.2。

7.5.1 净现值法

根据项目披露数据，得到如表 7—1 所示的项目现金流量。

表 7—1　　　　　　　　　项目现金流量

年份	现金流入	现金流出	折现率
0	0	10	1
1	10.5	10	0.924
2	11	10.4	0.854

续表

年份	现金流入	现金流出	折现率
3	11.3	10.6	0.789
4	11.8	10.7	0.73
5	12.4	11	0.674
6	12.8	11.2	0.623
7	13	11.5	0.576
8	12.7	11.4	0.532
9	12.5	11.4	0.492
10	12.2	11.3	0.455

由表7—1可得,项目的净现值为—2.667,根据净现值法在投资决策过程中的判定规则(若净现值小于零,项目停止建设),科技领军企业低碳科技投资决策项目应停止开发。

7.5.2 模糊实物期权法

1.标的资产的当前价值 S

等待期权的执行价格 X:结合净现金流量表,并运用净现值法,得到科技领军企业低碳科技标的资产的当前价值 S 为7.7393亿元,等待期权的执行价格 X 为10亿元。

2.标的资产价格波动率 σ

选取中储股份股票的历史数据进行市场波动率的分析与估计得出 σ 为33%。

3.无风险利率 r

科技领军企业全流程超低排放改造投资项目采用无风险国债利率,由于其投资期限较长,选取2021年财政部发行的10年期国债(利率为2.78%)。

4.等待期权的存续时间

企业全流程超低排放改造投资项目有2年的存续时间,即 $T=2$。

5.模糊变量

科技领军企业全流程超低排放改造投资总共涉及3个模糊期权变量,分别

是标的资产价格 S、无风险利率 r 以及市场波动率 σ。

结合市场行情以及领军企业投资决策者的意见,得出标的资产价格 S 一般变动范围为 2%,无风险利率 r 变动幅度为 5%,市场波动率 σ 变化幅度为 6%。故可得运用梯形模糊数理论处理后的模糊期权变量。

7.6 本章小结

本章构建了净现值法、复合实物期权法的项目定价模型,并运用实例案例对两种方法进行算例分析。研究发现,当运用净现值法时,项目的净现值为负值,科技领军企业将不会对此项目进行投资;而运用复合实物期权理论时,求得项目的期权价值为正值,领军企业对此项目可以进行投资。针对某些不确定性变量,模糊实物期权理论给出了更精确的价值区间,为科技领军企业投资提供了依据。

第8章 低碳科技创新联合体多阶段投资研发策略研究

8.1 背景描述与基本假设

一个完整的低碳科技项目投资周期包括可行性研究、项目建设、示范工程以及商业化运营等多个阶段。不同的阶段面对的不确定性因素有所差异,因此各阶段的期权价值不同。比如在可行性研究和项目建设阶段,项目主要具有投资期权和延迟期权;在示范工程和商业化运营阶段,项目具有扩张期权、收缩期权以及放弃期权。低碳科技投资过程中,前一阶段投资决策会影响后一阶段的投资决策,在后一阶段可以选择是否继续投资或者更换规模,同时后一阶段的价值也会影响前一阶段的价值。在项目实施过程中的每一阶段,投资者有可能持有一种或多种不同的期权,科技领军企业在参与低碳科技项目经营过程中不同的选择分别对应着不同类型的期权。有这样一种期权,它不像单一的期权那样以某种实物资产作为期权的标的资产,而是以某种期权作为标的资产,在期权的基础上再重新建立期权,而且多个期权在时间和空间上互相影响组成新的实物期权集合,这样的实物期权集合就被称为复合实物期权。显然,低碳科技项目在本质上具有多阶段复合实物期权的特征。

根据实物期权理论,具有复合实物期权特征的低碳科技项目的价值既包括项目未来经营收益的贴现价值,也包括项目经营过程中投资者的管理柔性给项目带来的期权价值,因此低碳科技项目的价值可以表示为低碳科技项目未来收益的净现值与复合实物期权价值之和。

其中,项目未来收益的现值可以用贴现法求得。一般而言,现金流贴现法被用于项目的收益是已知的或者处于能够预测的情形之下,但在分阶段进行的低碳科技项目中,未来各阶段的收益往往不是一个可以确定的值,也很难精准估计。在此情形下,本书将分阶段投资建设的低碳科技项目的未来各阶段的现金流量进行模糊化处理,这样低碳科技项目最终计算出来的价值是模糊区间的形式,使得得出来的结果更加符合现实情况。假设如下所示:

假设1:科技领军企业只生产一种产品,产品销售量达到企业的年最大生产能力Q(常数)。采纳低碳技术对生产效率无影响,此项投资是不可逆的,企业风险偏好为中性。科技领军企业采纳低碳技术后,将立即获得碳减排额并长期稳定持有,最早可在$t=0$时刻进行投资。

假设2:t时刻碳排放权价格为$p_c(t)$,且服从几何布朗运动,满足:

$$d_{p_c(t)} = \mu p_c(t)dt + \sigma p_c(t)d_{z(t)} \tag{8—1}$$

其中,$\mu > 0$,$\sigma > 0$是漂移项和方差,漂移系数为期望增长率,方差σ表示碳价波动;$d_{z(t)}$为标准维纳过程的增量,且有$d_{z(t)} \sim N(0, d_t)$;dt为无限趋近零的时间间隔。

假设3:设采纳低碳技术前单位产品碳排放量为e_0,采纳低碳技术后单位产品碳排放量为e,低碳技术减排率$\eta = \dfrac{e_0 - e}{e_0}$。

假设4:科技领军企业碳减排技术一次性投资成本为I,科技领军企业碳减排技术日常运行维护成本为M,技术创新将引发技术变迁,随着技术的进步,运营成本会下降,假设低碳科技日常运行维护成本为$M = M_0 e^{-lt}$。

假设5:其他条件不变的情况下,企业在投资低碳科技后产品价格有一定程度上升,且低碳产品的销售溢价为ω,则投资低碳科技后单位产品的售价$P_1 = P_0 + \omega$(P_0为采纳低碳科技前单位产品的价格)。

假设6:政府给予科技领军企业低碳科技投资一定的补贴,补贴方式为最普遍的对前期一次性成本进行补贴,补贴比例为θ。

8.2 科技领军企业低碳科技投资净现值

从整体来看,低碳科技投资的目的是使投资收益达到最大值。投资收益是由以下两方面组成的:投资期内的年度现金流贴现和初始投资成本。考虑到低碳科技投资项目存在诸多不确定性影响因素,因此得到项目的期望收益如下:

$$V = E\left[\sum_{t=1}^{T}\pi_t(1+r)^{-t} - (1-\theta)I\right] \quad (8-2)$$

其中,π_t 表示 t 年的现金流量,r 表示贴现率,I 表示低碳科技初始投资额,θ 表示政府补贴比例。

π_t 主要由两部分组成,即现金流入与现金流出。现金流入包括采用低碳技术后,将多余的碳排放权在碳交易市场上出售获得的收益以及企业清洁产品销售收入;现金流出包括设备运营维护成本。因此,科技领军企业低碳科技投资的现金流可以表示为:

$$\pi_t = \eta e_0 Q p_c + (P_0 + \omega)Q - M \quad (8-3)$$

则科技领军企业低碳科技投资的净现值(NPV)可以表示为:

$$NPV = \sum_{t=1}^{T}\left[\eta e_0 Q p_c + (P_0 + \omega)Q - M\right](1+r)^{-t} - (1-\theta)I \quad (8-4)$$

8.3 低碳科技项目复合实物期权模型构建

根据投资流程可以看出低碳投资决策过程明显具有复合实物期权的特征:企业如果在 t_i 时投资 K_i 进行第 $(i+1)$ 阶段的研发,就相当于买入了一份 $(n-i)$ 重的复合实物看涨期权 O_{n-i},$i=0,1,\cdots,n-1$,该期权赋予企业在 t_{i+1} 时进一步投资该项目研发的权利,执行价格就是进行第 $(i+1)$ 阶段研发的投资成本 K_{i+1};企业在 t_n 时投资 K_n 进行产品的生产商业化就相当于买入 1 份普通的欧式看涨期权 O_1,该期权赋予企业在 t_n 时进行产品生产商业化的权利,执行价格就是商业化阶段的成本 K_n。

假设 $S(t)$ 表示低碳科技项目未来收益的现金流,在风险中性概率测度下,$S(t)$ 满足如下方程:$\mathrm{d}S(t) = S(t)[(r-\zeta)\mathrm{d}t + \sigma \mathrm{d}W(t)]$。

其中,r 表示无风险利率,σ 表示波动率,且均大于 0,ζ 表示标的资产价值损溢,$W(t)$ 表示标准布朗运动,上述方程的解为:$S(t) = S_0 e^{(r-\zeta-\frac{\sigma^2}{2})t+\sigma W(t)}$。

则研发投资项目的 n 重复合实物期权价值可以表示为:

$$C_n(S_0) = S_0 e^{-\zeta t_n} N(d_1, d_2, \cdots, d_n; G_n) - \sum_{m=1}^{n} k_m e^{-r t_m} N_m(h_1, h_2, \cdots, h_m; G_m)$$

(8—5)

其中，$d_i = \dfrac{\ln \dfrac{S_0}{S_i^*} + \left(r - \zeta + \dfrac{\sigma^2}{2}\right)(t_i - t_{i-1})}{\sigma \sqrt{t_i - t_{i-1}}}, i = 1, 2, \cdots, n$

$h_i = d_i - \sigma \sqrt{t_i - t_{i-1}}, i = 1, 2, \cdots, n$

$N_m(h_1, h_2, \cdots, h_m; G_m)$ 为 m 维的标准正态分布函数，G_m 表示 m 元标准正态随机变量的相关系数矩阵，$G_m = (g_{ij})_{m \times m}, m = 1, 2, \cdots, n$，且 $g_{ii} = 1, g_{ij} = g_{ji}$，对任意的 $i < j, g_{ij} = \sqrt{\dfrac{t_i}{t_j}}$。以上公式中的 $S_1^*, S_2^*, \cdots, S_n^*$ 就是企业研发和生产商业化投资决策的参考值，其确定方法如下：$S_n^* = K_n$，而 $S_i^*, i = n-1, n-2, \cdots, 1$ 能够从项目阶段的最末端依次往前解 $C_{n-i}(S_i^*, t_i) = K_i, i = n-1, n-2, \cdots, 1$ 得到。

8.4　低碳科技项目模糊复合实物期权模型构建

在不确定性的环境中，在利用复合实物期权定价模型评价低碳科技项目的价值时，梯形模糊数更能够表征复合实物期权价值评估模型中相关变量的实际变动情况，故选用梯形模糊数处理低碳科技项目期权定价模型中的不确定性变量。

低碳科技项目投资运营时间较长，在实际项目运作过程中，具有较大的不确定性。在项目的运作前期，投资者往往处于不完全信息状态下，不能完整地搜集到项目各阶段的市场信息，预期现金流不可避免地掺杂着人的主观偏见，人的这种主观意识本身就是不确定的、模糊的，而且我国目前碳价波动较大，未形成成熟的碳减排补贴政策，碳排放权价格以及政府补贴具有较大的不确定性。因此，采用模糊数的形式来表示低碳科技项目的预期现金流，既能够兼顾现实生活中人为参与的主观性带来的不确定性，又考虑了投资者对于项目的管理柔性，使得评价结果更加合理和科学。本节将对上述构建的复合实物期权定价模型中的有关参数进行模糊化处理，以构建应用于低碳科技项目的模糊复合实物期权定价模型。

采用模糊数来表示低碳科技项目各阶段的投资成本和预期收益的现值，则评价低碳科技项目价值的 n 重模糊复合实物期权定价模型为：

$$\widetilde{C}_n = e^{-\zeta_n}\widetilde{S}_0 \otimes \widetilde{N}_n(\tilde{d}_1,\tilde{d}_2,\cdots,\tilde{d}_n;G_n) \otimes \sum_{m=1}^{n} e^{-rt_m} \otimes \widetilde{K}_m \otimes \widetilde{N}_m(\tilde{h}_1,\tilde{h}_2,\cdots,\tilde{h}_m;G_m)$$

(8—6)

$$其中,\tilde{d}_i = \frac{\ln\frac{\widetilde{S}_0}{S_i^*} \oplus \left(r-\zeta+\frac{\sigma^2}{2}\right)(t_i-t_{i-1})}{\sigma\sqrt{t_i-t_{i-1}}}, i=1,2,\cdots,n$$

$$\tilde{h}_i = \tilde{d}_i - \sigma\sqrt{t_i-t_{i-1}}, i=1,2,\cdots,n$$

各决策时间点项目收益折现值的决策参考值 $S_n^* = E(\widetilde{K}_n)$，而 S_i^*，$i=n-1,n-2,\cdots,1$ 能够从项目阶段的最末端依次往前解 $C_{n-i}(E(\widetilde{S}_i),t_i) = E(\widetilde{K}_i)$，$i=n-1,n-2,\cdots,1$ 得到。

n 重实物期权定价模型并没有否定传统实物期权定价模型，而是在传统模型的基础上进一步考虑了项目预期现金流人为预测的主观性强这一局限，n 重模糊复合实物期权定价模型计算得到的价值区间范围从理论上来说更能展现出低碳科技项目的真实价值。

在 n 重模糊复合实物期权定价模型下低碳科技项目期权价值 C_n 的 $\alpha-$水平集区间 $[\widetilde{C}_{n,\alpha}^L,\widetilde{C}_{n,\alpha}^R]$ 的左端点 $\widetilde{C}_{n,\alpha}^L$ 和右端点 $\widetilde{C}_{n,\alpha}^R$ 分别为：

$$\widetilde{C}_{n,\alpha}^L = \widetilde{S}_0^L e^{-\zeta_n} N(\tilde{d}_{1,\alpha}^L, \tilde{d}_{2,\alpha}^L, \cdots, \tilde{d}_{n,\alpha}^L; G_n)$$
$$- \sum_{m=1}^{n} \widetilde{K}_{m,\alpha}^R e^{-rt_m} N_m(\tilde{h}_{1,\alpha}^R, \tilde{h}_{2,\alpha}^R, \cdots, \tilde{h}_{m,\alpha}^R; G_m)$$

(8—7)

$$\widetilde{C}_{n,\alpha}^R = \widetilde{S}_0^R e^{-\zeta_n} N(\tilde{d}_{1,\alpha}^R, \tilde{d}_{2,\alpha}^R, \cdots, \tilde{d}_{n,\alpha}^R; G_n)$$
$$- \sum_{m=1}^{n} \widetilde{K}_{m,\alpha}^L e^{-rt_m} N_m(\tilde{h}_{1,\alpha}^L, \tilde{h}_{2,\alpha}^L, \cdots, \tilde{h}_{m,\alpha}^L; G_m)$$

(8—8)

$$其中,\tilde{d}_{i,\alpha}^L = \frac{\ln\frac{\widetilde{S}_{0,\alpha}^L}{S_i^*} \oplus \left(r-\zeta+\frac{\sigma^2}{2}\right)(t_i-t_{i-1})}{\sigma\sqrt{t_i-t_{i-1}}}$$

$$\tilde{d}_{i,\alpha}^R = \frac{\ln\frac{\widetilde{S}_{0,\alpha}^R}{S_i^*} \oplus \left(r-\zeta+\frac{\sigma^2}{2}\right)(t_i-t_{i-1})}{\sigma\sqrt{t_i-t_{i-1}}}$$

$$\tilde{h}_{i,\alpha}^{L}=\tilde{d}_{i,\alpha}^{L}-\sigma\sqrt{t_i-t_{i-1}}$$
$$\tilde{h}_{i,\alpha}^{R}=\tilde{d}_{i,\alpha}^{R}-\sigma\sqrt{t_i-t_{i-1}}$$

基于模糊复合实物期权模型的低碳科技项目投资决策如下：科技领军企业决策者选取一个较大的水平（如 0.9 以上）为置信度，如果决策者对这个水平的截集区间左端点 $\tilde{C}_{n,\alpha}^{L}$ 和右端点 $\tilde{C}_{n,\alpha}^{R}$ 都比较满意，则该企业就可以考虑启动该项目的投资；否则，就暂不考虑进行投资。如果完成前一阶段的研发并且估计项目收益的折现值大于相应的决策参考值，就继续投资或商业化运营。

8.5 算例分析

本书将上述模型运用到某个具有代表性的燃煤电厂 CCS 投资项目的评估中。根据某燃煤电厂的相关数据和介绍，燃煤电厂对原有设备进行技术改造，加装 CCS 装置，该项目的执行时间为 2019—2041 年，含建设期 2 年，运营期 20 年，总投资 1.3 亿元。

8.5.1 净现值法

CCS 项目的建设运营过程可以概括为三个阶段：第一阶段为设备改造与 CCS 配套建设阶段，投资费用为 11 700 万元，建设期用时用 t_1 表示，$t_1=2$，时间是 2019—2021 年；建设结束后，第二阶段是 Ⅰ 期试运营期，投资费用为 1 169 万元，时间为 1 年，$t_2=1$；第三阶段是 Ⅱ 期试运营期，投资费用为 131 万元，时间为 1 年，$t_3=1$。CCS 项目各阶段的投资情况如表 8—1 所示：

表 8—1　　　　　　　　CCS 项目各阶段的投资情况

阶段	持续时间	投资额(万元)	折现现金流(万元)
设备改造与 CCS 配套建设阶段	2	11 700	−11 700
Ⅰ 期试运营期	1	1 169	534.097 9
Ⅱ 期试运营期	1	131	770.779 8
商业化运营期	18	0	7 591.237 2

则该项目的净现值为：$-11\,700+534.097\,9+770.779\,8+7\,591.237\,2=-2\,803.886$（万元）。

净现值法计算出的项目价值为 $-2\,803.886$ 万元，是一个负数，得出的结论是该项目不具有投资价值，从经济效益来讲该项目不具有开发的可行性。

8.5.2 复合实物期权法

根据上述复合期权模型，参数说明如下：

(1) 期权的到期年限 t。在该项目中，建设期 $t_1=2$，Ⅰ期建设整改期 $t_2=1$，Ⅱ期建设整改期 $t_3=1$。

(2) 项目运营期间产生的预计现金流的贴现值 S_0。利用净现值法计算出的未考虑项目的期权性质的项目运营期内的预计现金流的贴现值。

项目Ⅰ期建设整改期产生的预计现金流的贴现值 S_1。利用净现值法计算出的未考虑项目的期权性质的项目Ⅰ期建设整改期内预计现金流的贴现值。

项目Ⅱ期建设整改期产生的预计现金流的贴现值 S_2。利用净现值法计算出的未考虑项目的期权性质的项目Ⅱ期建设整改期内预计现金流的贴现值。

(3) 投资费用 K。项目的各个阶段投资者投入的费用。

(4) 无风险利率 r。在现实生活中，无风险利率是指剔除掉各种风险因素对收益的影响得到的收益率，也即将资金投放于无风险投资项目得到的收益率。在房地产行业中，无风险利率多采用当期的国债利率，故本书将该项目的无风险利率确定为 2021 年中国财政部发行的 5 年期国债利率 3.07%。

(5) 标的资产的价值漏损 ζ。在项目的建设经营过程中，存在利息、税收、保险费等情况，根据综合情况设定价值漏损为 0.02。

(6) 波动率 σ。取值设定为 0.35。根据上述公式计算，得到 $C_3(S_0)=7\,020.681\,3$。结果显示，该项目的期权价值为 $7\,020.681\,3$ 万元，是一个正值，因此，实物期权法从投资价值这一角度给出的参考建议是该项目可以进行投资开发。

8.5.3 模糊实物期权法

论文前述的分析，运用梯形模糊数来处理 CCS 项目的投资成本和预期收益的贴现值，假设预期投资成本的梯形模糊数为 K_i，$K_i=(a_i,b_i,\gamma_i,\beta_i)$，其核值 $[a_i,b_i]$ 的左端点 $a_i=K_i(1-\psi)$，右端点 $b_i=K_i(1+\psi)$，左宽度与右宽度相等，且 $\gamma_i=\beta_i=\psi K_i$，假设项目预期收益的现值梯形模糊数为 S_0，$S_0=(a_s,b_s,\gamma_s,\beta_s)$，其核值 $[a_i,b_i]$ 的左端点 $a_s=S_0(1-\psi)$，右端点 $b_s=S_0(1+\psi)$，其核值的左宽度与右宽度相等，且 $\gamma_s=\beta_s=\psi S_0$，在下面的计算中取 $\psi=0.05$，得到 CCS 项目各阶段的情况如表 8—2 所示：

表 8—2　　　　　　　模糊实物期权下 CCS 项目各阶段情况

阶段	持续时间(年)	投资额(万元)	现金流(万元)
设备改造与 CCS 配套建设阶段	2	(11 115,12 285, 585,585)	
Ⅰ期试运营期	1	(11 105,1 227.45, 58.45,58.45)	
Ⅱ期试运营期	1	(124.45,137.55, 6.55,6.55)	
商业化运营期	18		(7 211.675 3,7 970.799 1, 379.56,379.56)

当 α 取一些其他不同值时，该 CCS 项目的模糊价值 C_3 的 α-水平集(单位：万元)具体如表 8—3 所示：

表 8—3　　　　　　　　不同 α 值下的模糊价值

α	$[C_{3,\alpha}^L, C_{3,\alpha}^R]$
0.8	[6 680.032 3,7 366.295 5]
0.85	[6 680.567 1,7 366.857 2]
0.9	[6 681.101 9,7 365.419 0]
0.91	[6 681.208 8,7 365.331 3]
0.92	[6 681.315 8,7 365.243 7]
0.93	[6 681.422 8,7 365.156 0]
0.94	[6 681.529 7,7 365.068 4]
0.95	[6 681.636 7,7 365.980 7]
0.96	[6 681.743 7,7 365.893 1]
0.97	[6 681.850 6,7 365.805 4]

续表

α	$[C_{3,\alpha}^L, C_{3,\alpha}^R]$
0.98	[6 681.957 6,7 365.717 8]
0.99	[6 681.064 5,7 365.630 1]
1	[6 681.171 5,7 365.542 5]

由表8—3可以得出,三重模糊复合实物期权定价模型计算得到该项目价值区间的左右端点均为正值,随着α的不断增大,该区间范围不断缩小,并且$C_{3,\alpha}^L$随α的增大而不断增大,$C_{3,\alpha}^R$随α的增大而不断减小。如选取一个较大的置信度水平,如取0.95,老年公寓项目期权价值$C_{3,\alpha}^L$为6 681.636 7,$C_{3,\alpha}^R$为7 364.980 7,得出该项目的价值区间为[3 545.978 8,4 229.322 8],它的左右端点均为正值,这一区间为投资者提供的参考意见是应该对该项目进行投资。

8.6 本章小结

本章分别构建了净现值法、复合实物期权法以及模糊复合实物期权法的项目定价模型,并运用实例案例对三种方法进行算例分析。研究发现,当运用净现值法时,项目的净现值为负值,科技领军企业将不会对此项目进行投资;而运用复合实物期权理论与模糊复合实物期权理论时,求得项目的期权价值为正值,领军企业对此项目可以进行投资。针对某些不确定性变量,模糊实物期权理论可以给出更精确的价值区间,为科技领军企业投资提供依据。

第四部分

投资激励策略

第 9 章　无融资条件下低碳科技创新联合体投资策略研究

根据本书第 3 章的分析,现在很多企业的低碳科技投资成果显著,说明投资低碳科技是领军企业降低碳排放、改善生态环境、实现经济与环境效益双赢的有效方式。针对科技领军企业因资金等问题不愿投资低碳科技投资的状况,我国推出了一系列政策措施提高企业投资的积极性,现有政策主要分为两类:一类是激励型政策,包括碳配额与交易、碳减排补贴等;另一类是惩罚型政策,如征收碳税等。在此基础上,本章同时考虑激励型政策与惩罚型政策,以领军企业与零售商组成的供应链为研究对象,构建了无补贴、产品补贴与成本补贴下的低碳科技投资决策模型,研究领军企业的最优投资策略。

9.1　背景描述与基本假设

本章分析在政府低碳政策引导下产业链中以科技领军企业为主导组建创新联合体的低碳科技投资研发问题。领军企业由于碳排放量较大,政府分配给企业的碳排放权配额不能满足企业的要求,因此,领军企业需要从碳交易市场上购买碳排放权来达到预定的控制目标。但是,企业碳排放量减少后,也可以将多余的碳排放权在碳交易市场上出售,从而获得一定的收入,因此,碳交易机制是督促企业投资采纳低碳科技的重要手段。碳税也是激励企业碳减排的一种有效措施,虽然我国暂时未征收碳税,但是也一直在积极探索碳税的征收方式。碳税的征收增加了碳排放成本,倒逼高碳企业引入并采纳低碳科技,主动减排。为鼓励企业投资低碳科技、进行低碳化转型，政府加大资金投入，对各项低碳科技进行补贴，缓解企业资金压力。本章为分析上述因素对领军企业低碳科技投资的作用机制，构建了领军企业占主导地位的由上游领军企业和下游零售商组成的供应链，考虑领军企业初期的自有资金可以满足企业正常运营，同时还有多余的资金可以满足投资低碳科技所需资金的情况。本章聚焦上游领军企业资金充足情况下的上下游企业投资决策问题，分别构建了无补贴、碳减排成本补贴以及产品补贴三种模式下的投资决策基础模型，并进行了对比分析。本章的相关假设如下：

假设1：投资低碳科技对生产效率无影响，此项投资是不可逆的，领军企业风险态度为中性偏好。

假设2：假设政府发放给领军企业的碳配额为A，企业投资低碳科技后将多余的碳排放权放在碳市场上出售，碳排放权价格为P_c。

假设3：假设投资低碳科技前单位产品碳排放量为e_0，投资低碳科技后单位产品碳排放量为e，低碳科技碳减排率$\omega = \dfrac{e_0 - e}{e_0}$。

假设4：借鉴骆瑞玲等（2014）的研究（领军企业碳减排科技成本与碳减排量相关，且两者为正相关关系），假设低碳科技一次性投资成本为$I = \dfrac{1}{2}\beta\omega^2$，其中，$\beta$为领军企业投资低碳科技的成本系数，代表低碳科技的费用水平。

假设5：领军企业需要缴纳一定的碳税，按领军企业产品碳排放总量计算所需缴纳税额，企业投资低碳科技后所需缴纳的碳税税额为$F = k(1-\omega)e_0 Q$，其中k为碳税税率。

假设6：假设市场需求函数为

$$Q = Q_0 - \alpha P_r + \mu\omega \tag{9—1}$$

其中，Q_0表示潜在的市场需求，满足$Q_0 - \alpha P_r > 0$；α表示消费者价格弹性系数；μ表示消费者对低碳产品单位减排量的敏感系数，产品的碳减排水平越高，产品的需求量越高。

9.2 参数设置

具体的参数设置如表9—1所示。

表 9—1 参数设置及含义说明

参数	含义	参数	含义
P_E	领军企业产品批发价格	θ	成本补贴比例
P_r	零售商零售价格	ε	产品补贴系数
P_c	碳交易价格	C	单位产品生产成本
e_0	低碳科技投资前单位产品碳排放量	k	碳税税率
e	低碳科技投资后单位产品碳排放量	A	领军企业碳排放配额
ω	领军企业低碳科技投资后碳减排水平	Q_0	潜在的市场需求
β	领军企业投资低碳科技成本系数	π_{Ei}	领军企业利润
α	低碳产品需求的零售价格弹性系数	π_{Ri}	零售商利润
μ	消费者低碳水平敏感系数		

$i=1,2,3,\cdots,9$ 表示领军企业自有资金充足以及资金约束情况下无政府补贴、无成本补贴与无产品补贴的九种情况。

9.3 模型构建与求解

9.3.1 无碳减排补贴的投资策略模型构建与求解（情景 1）

情景 1 的研究模型见图 9—1。

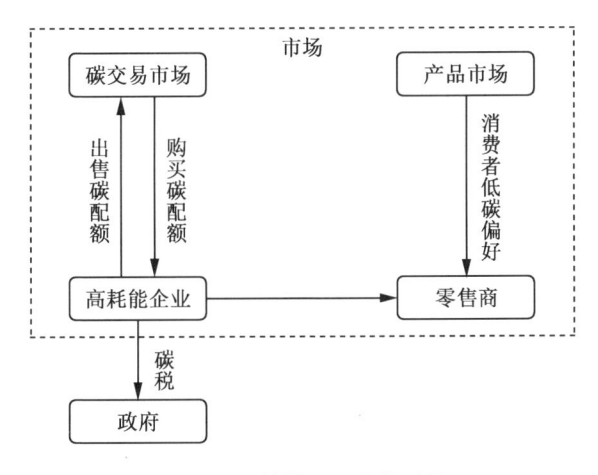

图 9—1 情景 1 研究模型图

为了对比分析政府补贴及供应链上下游企业的投资效果，本书首先给出无政府补贴情况下的模型及结果，作为政府补贴政策效果对比的下限，政府提供补贴后双方的利润等应比无补贴模式下高。

领军企业作为供应链的主导者，以利润最大化为目标，先确定碳减排水平和产品批发价格，再根据领军企业的决策确定产品的销售价格。同时，从市场需求函数来看，领军企业的决策也会影响消费者的需求量，从而影响零售商的利润。领军企业、零售商的投资优化模型分别为：

$$\max \pi_{E1} = (P_E - C)(Q_0 - \alpha P_r + \mu\omega) + [A - (1-\omega)e_0(Q_0 - \alpha P_r + \mu\omega)]P_c \\ - k(1-\omega)e_0(Q_0 - \alpha P_r + \mu\omega) - \frac{1}{2}\beta\omega^2 \quad (9\text{—}2)$$

$$\max \pi_{R1} = (P_r - P_E)(Q_0 - \alpha P_r + \mu\omega) \quad (9\text{—}3)$$

针对上述领军企业和零售商投资优化模型，可采用逆向归纳法求解，主要思路为：假设零售商已知领军企业的碳减排水平和批发价格，零售商据此确定批发价格，市场需求也得到求解，领军企业根据零售价格和市场需求来确定碳减排率与批发价格，零售商再据此确定产品的销售价格。

对式（9—3）中的零售商零售价格 P_r 求一阶偏导，其一阶导数为 $\frac{\partial \pi_{R1}}{\partial P_r} = Q_0 - \alpha P_r + \mu\omega + \alpha P_E$，二阶导数为 $\frac{\partial^2 \pi_{R1}}{\partial P_r^2} = -2\alpha < 0$，二阶导数小于 0，则存在最优零售价格使零售商利润达到最大。令一阶导数为 0，得到最优零售价格为：

$$P_{r1}^* = \frac{Q_0 + \mu\omega + \alpha P_E}{2\alpha} \quad (9\text{—}4)$$

将式（9—4）代入领军企业利润模型，得到：

$$\pi_{E1} = \frac{1}{2}[P_E - C - k(1-\omega)e_0](Q_0 - \alpha P_E + \mu\omega) \\ + \left[A - \frac{1}{2}(1-\omega)e_0(Q_0 - \alpha P_E + \mu\omega)\right]P_c - \frac{1}{2}\beta\omega^2 \quad (9\text{—}5)$$

对式（9—5）中的 P_E 和 ω 求二阶偏导数，得到海塞矩阵：

$$H = \begin{vmatrix} -\alpha & \dfrac{1}{2}[\mu - \alpha e_0(P_c+k)] \\ \dfrac{1}{2}[\mu - \alpha e_0(P_c+k)] & e_0\mu(P_c+k) - \beta \end{vmatrix}$$

根据判定原则,当$|H| = -\alpha[e_0\mu(P_c+k)-\beta] - \dfrac{1}{4}[\mu - e_0\alpha(P_c+k)]^2 > 0$时,存在最优批发价格和碳减排率使得领军企业利润达到最大值,对式(9—5)中的P_E和ω求导并令其为0,得到最优批发价格与最优碳减排率为:

$$\begin{aligned} P_{E1}^* = &[\alpha e_0^2(P_c+k)^2(Q_0+\mu) + C\mu^2 - 2\beta Q_0 - 2\alpha\beta C \\ &+ e_0(P_c+k)(\mu^2 + Q_0\mu - 2\alpha\beta + \alpha C\mu)]/\{[\mu+\alpha e_0(P_c+k)]^2 - 4\alpha\beta\} \end{aligned} \tag{9—6}$$

$$\omega_1^* = \dfrac{[\mu + \alpha e_0(P_c+k)][\alpha C - Q_0 + \alpha e_0(P_c+k)]}{[\mu+\alpha e_0(P_c+k)]^2 - 4\alpha\beta} \tag{9—7}$$

将式(9—6)与式(9—7)代入式(9—4),得到最优零售价格为:

$$\begin{aligned} P_{r1}^* = &[\alpha e_0^2(P_c+k)^2(Q_0+\mu) + C\mu^2 - 3\beta Q_0 - \alpha\beta C \\ &+ e_0(P_c+k)(\mu^2 + Q_0\mu - \alpha\beta + \alpha C\mu)]/\{[\mu+\alpha e_0(P_c+k)]^2 - 4\alpha\beta\} \end{aligned} \tag{9—8}$$

将式(9—7)与式(9—8)代入式(9—1),得到市场需求量为:

$$Q_1^* = \dfrac{\alpha\beta[\alpha C - Q_0 + \alpha e_0(P_c+k)]}{[\mu+\alpha e_0(P_c+k)]^2 - 4\alpha\beta} \tag{9—9}$$

由此,得到领军企业与下游零售商的利润模型为:

$$\begin{aligned} \pi_{E1}^* = &[-\beta\alpha^2 C^2 - 2\beta\alpha^2 Ce_0k - 2\beta\alpha^2 Ce_0P_c + 2A\alpha^2e_0^2k^2P_c - \beta\alpha^2k^2 \\ &+ 4A\alpha^2e_0^2kP_c^2 - 2\beta\alpha^2e_0^2kP_c + 2A\alpha^2e_0^2P_c^3 - \beta\alpha^2e_0^2P_c^2 + 2\alpha\beta CQ_0 \\ &+ 4A\alpha e_0kP_c\mu + 2\alpha\beta e_0kQ_0 + 4A\alpha e_0P_c^2\mu + 2\alpha\beta e_0P_cQ_0 - 8A\alpha\beta P_c \\ &+ 2AP_c\mu^2 - \beta Q_0^2]/2\{[\mu+\alpha e_0(P_c+k)]^2 - 4\alpha\beta\} \end{aligned} \tag{9—10}$$

$$\pi_{R1}^* = \dfrac{\alpha\beta^2[\alpha C - Q_0 + \alpha e_0(P_c+k)]^2}{\{[\mu+\alpha e_0(P_c+k)]^2 - 4\alpha\beta\}^2} \tag{9—11}$$

推论1:在无碳减排补贴的分散式决策中,当满足$-\alpha[e_0\mu(P_c+k)-\beta] - \dfrac{1}{4}[\mu - e_0\alpha(P_c+k)]^2 > 0$时,随着碳排放权价格的增加,单位碳减排量呈现上升趋势,领军企业利润随碳排放权价格的升高而增加。

证明:式(9—7)、式(9—10)对碳排放权价格 P_c 求一阶偏导,得到:

$\frac{\partial \omega_1^*}{\partial P_c} > 0, \frac{\partial \pi_{E1}^*}{\partial P_c} > 0$。

可知,函数呈单调递增性质,即 P_c 越大,ω_1^*、π_{E1}^* 越大,说明碳排放权价格能促进领军企业进行低碳科技投资,从而推论 1 得证。

推论 2:在无碳减排补贴的分散式决策中,当满足 $-\alpha[e_0\mu(P_c+k)-\beta] - \frac{1}{4}[\mu - e_0\alpha(P_c+k)]^2 > 0$ 时,随着碳税税率的增加,单位碳减排量呈现上升趋势,领军企业利润随着碳税税率的升高而降低。

证明:式(9—7)、式(9—10)对碳税税率 k 求一阶偏导,得到:$\frac{\partial \omega_1^*}{\partial k} > 0, \frac{\partial \pi_{E1}^*}{\partial k} < 0$。

可知,函数是单调递减性质,即 k 越大,ω_1^* 越大,π_{E1}^* 越小,说明碳税能促进领军企业进行减少碳排放,但是由于征收碳税使得企业成本升高,因此,企业的利润会下降,推论 2 得证。

推论 3:在无碳减排补贴的分散式决策中,当满足 $-\alpha[e_0\mu(P_c+k)-\beta] - \frac{1}{4}[\alpha e_0(P_c+k)-\mu]^2 > 0$ 时,随着消费者的低碳水平敏感系数的增加,单位碳减排量呈现上升趋势,领军企业利润随之增加。

证明:式(9—7)、式(9—10)对消费者的低碳水平敏感系数 μ 求一阶偏导,得到:$\frac{\partial \omega_1^*}{\partial \mu} > 0, \frac{\partial \pi_{E1}^*}{\partial \mu} > 0$。

可知,函数呈单调递增性质,即 μ 越大,ω_1^*、π_{E1}^* 越大,说明消费者的低碳水平敏感系数能促进领军企业进行低碳科技投资,推论 3 得证。

9.3.2 成本补贴下的投资策略模型构建与求解(情景 2)

情景 2 的研究模型见图 9—2。

成本补贴是指政府按照一定的比例直接对碳减排成本进行补贴的方式。例如,上海市对单个碳减排项目最高补贴为项目投资总额的 30%,最高补贴金额为 200 万元。为分析成本补贴对领军企业低碳科技投资的影响,本节给出考虑

第 9 章 无融资下低碳科技创新联合体投资激励策略研究

政府成本补贴时领军企业低碳科技投资的分散决策模型,并与本书其他模型结果进行对比,借鉴曹细玉等(2018)的研究,设成本补贴比例为 $\theta(0<\theta<1)$,补贴额度为 $\frac{1}{2}\theta\beta\omega^2$。

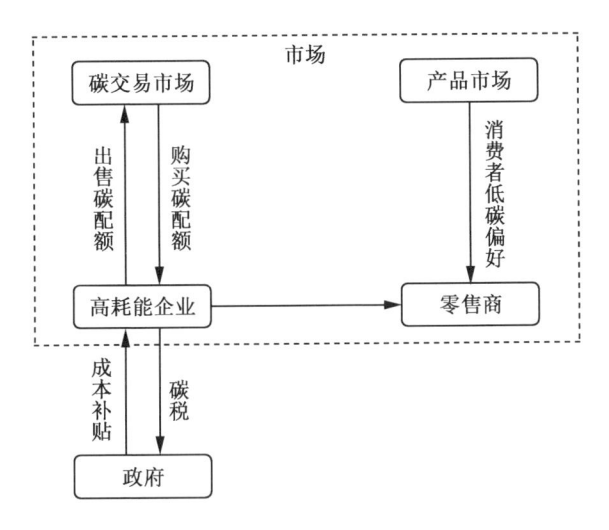

图 9—2 情景 2 研究模型图

领军企业是供应链的主导者,故须先确定碳减排水平和产品批发价格,再由零售商根据领军企业的决策确定产品的销售价格。从市场需求函数来看,领军企业的决策也会影响消费者的需求量,从而影响零售商的利润。领军企业、零售商的投资优化模型分别为:

$$\max\pi_{E2}=(P_E-C)(Q_0-\alpha P_r+\mu\omega)+[A-(1-\omega)e_0(Q_0-\alpha P_r+\mu\omega)]P_c$$
$$-k(1-\omega)e_0(Q_0-\alpha P_r+\mu\omega)-\frac{1}{2}(1-\theta)\beta\omega^2$$

(9—12)

$$\max\pi_{R2}=(P_r-P_E)(Q_0-\alpha P_r+\mu\omega)$$

(9—13)

与 9.3.1 节求解思路一致,针对上述领军企业和零售商投资优化模型,采用逆向归纳法求解。

对式(9—13)中的零售商零售价格 P_r 求一阶偏导,其一阶导数为 $\frac{\partial\pi_{R2}}{\partial P_r}=Q_0$

$-\alpha P_r+\mu\omega+\alpha P_E$,二阶导数为 $\dfrac{\partial^2 \pi_R}{\partial P_r^2}=-2\alpha<0$,则存在最优零售价格使零售商利润达到最大。令一阶导数为 0,得到最优零售价格:

$$P_{r2}^*=\dfrac{Q_0+\mu\omega+\alpha P_E}{2\alpha} \tag{9—14}$$

将式(9—14)代入领军企业利润模型,得到:

$$\pi_{E2}=\dfrac{1}{2}[P_E-C-k(1-\omega)e_0](Q_0-\alpha P_E+\mu\omega) \\ +\left[A-\dfrac{1}{2}(1-\omega)e_0(Q_0-\alpha P_E+\mu\omega)\right]P_c-\dfrac{1}{2}(1-\theta)\beta\omega^2 \tag{9—15}$$

对式(9—15)中的 P_E 和 ω 求二阶偏导数,得到海塞矩阵:

$$H=\begin{vmatrix} -\alpha & \dfrac{1}{2}[\mu-\alpha e_0(P_c+k)] \\ \dfrac{1}{2}[\mu-\alpha e_0(P_c+k)] & e_0\mu(P_c+k)-(1-\theta)\beta \end{vmatrix}$$

根据判定原则,当 $|H|=-\alpha[e_0\mu(P_c+k)-(1-\theta)\beta]-\dfrac{1}{4}[\mu-\alpha e_0(P_c+k)]^2$ >0 时,存在最优批发价格和碳减排率使得领军企业利润达到最大值,对式(9—15)中 P_E 和 ω 求导并令其为 0,得到最优批发价格与最优碳减排率:

$$P_{E2}^*=[\alpha e_0^2(P_c+k)^2(Q_0+\mu)+C\mu^2+2\beta(\theta-1)(Q_0+C) \\ +e_0(P_c+k)(\mu^2+Q_0\mu-2\alpha\beta+2\alpha\beta Q_0+\alpha C\mu)]/ \\ \{[\mu+\alpha e_0(P_c+k)]^2+4(\theta-1)\alpha\beta\} \tag{9—16}$$

$$\omega_2^*=\dfrac{[\mu+\alpha e_0(P_c+k)][\alpha C-Q_0+\alpha e_0(P_c+k)]}{[\mu+\alpha e_0(P_c+k)]^2+4(\theta-1)\alpha\beta} \tag{9—17}$$

将式(9—16)与式(9—17)代入式(9—14),得到最优零售价格:

$$P_{r2}^*=[\alpha e_0^2(P_c+k)^2(Q_0+\mu)+C\mu^2+\beta(\theta-1)(3Q_0+C) \\ +e_0(P_c+k)(\mu^2+Q_0\mu-\alpha\beta+\alpha\beta Q_0+\alpha C\mu)]/ \\ \{[\mu+\alpha e_0(P_c+k)]^2+4(\theta-1)\alpha\beta\} \tag{9—18}$$

将式(9—17)与式(9—18)代入式(9—1),得到市场需求量:

$$Q_2^*=\dfrac{\alpha\beta(1-\theta)[\alpha C-Q_0+\alpha e_0(P_c+k)]}{[\mu+\alpha e_0(P_c+k)]^2+4(\theta-1)\alpha\beta} \tag{9—19}$$

第9章 无融资下低碳科技创新联合体投资激励策略研究

由此,得到领军企业与下游零售商的利润模型:

$$\pi_{E2}^* = [\beta Q_0^2 \theta - \beta Q_0^2 + 2AP_c\mu^2 - \alpha^2\beta C^2 - \alpha^2\beta e_0^2 k^2 - \alpha^2\beta e_0^2 P_c^2 \\
+ 2A\alpha^2 e_0^2 P_c^3 + \alpha^2\beta C^2\theta + 2\alpha\beta CQ_0 - 8A\alpha\beta P_c - 2\alpha^2\beta e_0^2 kP_c \\
+ 2\alpha\beta e_0 kQ_0 + 2\alpha\beta e_0 P_c Q_0 - 2\alpha\beta CQ_0\theta + 8A\alpha\beta P_c\theta + 4A\alpha^2 e_0^2 kP_c^2 \\
+ 2A\alpha^2 e_0^2 k^2 P_c + \beta\alpha^2 e_0^2 k^2\theta + \beta\alpha^2 e_0^2 P_c^2\theta a^2 - 2\beta\alpha^2 Ce_0 k - 2\beta\alpha^2 Ce_0 P_c \\
+ 4A\alpha e_0\mu P_c^2 + 2\beta\alpha^2 Ce_0 k\theta + 2\beta\alpha^2 Ce_0 P_c\theta + 2\beta\alpha^2 e_0^2 kP_c\theta + 4A\alpha e_0 kP_c\mu \\
- 2\alpha\beta e_0 kQ_0\theta - 2\alpha\beta e_0 P_c Q_0\theta]/2\{[\mu + \alpha e_0(P_c+k)]^2 + 4(\theta-1)\alpha\beta\}$$
(9—20)

$$\pi_{R2}^* = \frac{\alpha\beta^2(\theta-1)^2[\alpha C - Q_0 + \alpha e_0(P_c+k)]^2}{\{[\mu+\alpha e_0(P_c+k)]^2 + 4\alpha\beta(\theta-1)\}^2}$$
(9—21)

推论4:在成本补贴下的分散式决策中,当满足$-\alpha[e_0\mu(P_c+k)-(1-\theta)\beta]-\frac{1}{4}[\mu-\alpha e_0(P_c+k)]^2>0$时,随着碳排放权价格的增加,单位碳减排量呈现上升趋势,领军企业利润随碳排放权价格的升高而增加。

证明:式(9—17)、式(9—20)对碳排放权价格P_c求一阶偏导,得到:$\frac{\partial \omega_2^*}{\partial P_c}>0$,$\frac{\partial \pi_{E2}^*}{\partial P_c}>0$。

可知,函数呈单调递增性质,即P_c越大,ω_2^*、π_{E2}^*越大,说明碳排放权价格能促进领军企业进行低碳科技投资,推论4得证。

推论5:在成本补贴下的分散式决策中,当满足$-\alpha[e_0\mu(P_c+k)-(1-\theta)\beta]-\frac{1}{4}[\mu-\alpha e_0(P_c+k)]^2>0$时,随着碳税税率的增加,单位碳减排量呈现上升趋势,领军企业利润随着碳税税率的升高而降低。

证明:式(9—17)、式(9—20)对碳税税率k求一阶偏导,得到:$\frac{\partial \omega_2^*}{\partial k}>0$,$\frac{\partial \pi_{E2}^*}{\partial k}<0$。

可知,函数呈单调递减性质,即k越大,ω_2^*越大,π_{E2}^*越小,说明碳税能促进领军企业进行减少碳排放,但是由于征收碳税使得企业成本升高,因此,企业的利润会下降,推论5得证。

推论 6：在成本补贴下的分散式决策中，当满足 $-\alpha[e_0\mu(P_c+k)-(1-\theta)\beta]-\frac{1}{4}[\mu-\alpha e_0(P_c+k)]^2>0$ 时，单位碳减排量呈现上升趋势，领军企业利润随之增加。

证明：式(9—17)、式(9—20)对消费者的低碳水平敏感系数 μ 求一阶偏导，得到：$\frac{\partial \omega_2^*}{\partial \mu}>0,\frac{\partial \pi_{E2}^*}{\partial \mu}>0$。

可知，函数呈单调递增性质，即 μ 越大，ω_2^*、π_{E2}^* 越大，说明消费者的低碳水平敏感系数能促进领军企业进行低碳科技投资，从而推论 6 得证。

9.3.3 产品补贴下的投资策略模型构建与求解（情景 3）

情景 3 的研究模型见图 9—3。

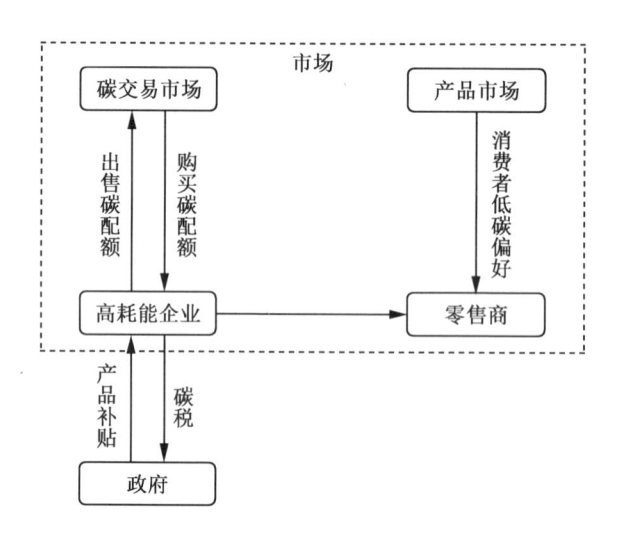

图 9—3　情景 3 研究模型图

另一种常见的补贴方式为产品补贴。产品补贴是指按照产品碳减排量进行补贴的方式。为分析产品补贴对领军企业低碳科技投资的影响，本节构建了考虑政府产品补贴的领军企业低碳科技投资时的分散决策模型与本书其他模型结果进行对比。设产品补贴比例为 $\varepsilon(\varepsilon>0)$，补贴额度为 $\varepsilon\omega e_0 Q$。构建产品补贴下的投资策略模型，需先确定领军企业的碳减排水平和产品批发价格，再由零售商根据领军企业的决策制定产品的销售价格。从市场需求函数来看，领军企业的决策也会影响消费者的需求量，从而影响零售商的利润。领军企业、零售商的投资优化模型分别为：

$$\max \pi_{E3} = (P_E - C + \varepsilon \omega e_0)(Q_0 - \alpha P_r + \mu \omega) + [A - (1-\omega)e_0(Q_0 - \alpha P_r + \mu \omega)]P_c$$
$$- k(1-\omega)e_0(Q_0 - \alpha P_r + \mu \omega) - \frac{1}{2}\beta \omega^2$$
(9—22)

$$\max \pi_{R3} = (P_r - P_E)(Q_0 - \alpha P_r + \mu \omega) \quad (9—23)$$

与9.3.1节求解思路一致，针对上述领军企业和零售商投资优化模型，采用逆向归纳法求解。

对式(9—23)中的零售商零售价格 P_r 求一阶偏导，其一阶导数为 $\frac{\partial \pi_{R3}}{\partial P_r} = Q_0 - \alpha P_r + \mu \omega + \alpha P_E$，二阶导数为 $\frac{\partial^2 \pi_{R3}}{\partial P_r^2} = -2\alpha < 0$，则存在最优零售价格使零售商利润达到最大。令一阶导数为0，得到最优零售价格为：

$$P_{r3}^* = \frac{Q_0 + \mu \omega + \alpha P_E}{2\alpha} \quad (9—24)$$

将式(10—24)代入领军企业利润模型，得到：

$$\pi_{E3} = \frac{1}{2}[P_E - C + \varepsilon \omega e_0 - k(1-\omega)e_0](Q_0 - \alpha P_E + \mu \omega)$$
$$+ \left[A - \frac{1}{2}(1-\omega)e_0(Q_0 - \alpha P_E + \mu \omega)\right]P_c - \frac{1}{2}\beta \omega^2$$
(9—25)

对式(9—25)中的 P_E 和 ω 求二阶偏导数，得到海塞矩阵：

$$H = \begin{vmatrix} -\alpha & \frac{1}{2}[\mu - \alpha e_0(P_c + k + \varepsilon)] \\ \frac{1}{2}[\mu - \alpha e_0(P_c + k + \varepsilon)] & e_0 \mu (P_c + k + \varepsilon) - \beta \end{vmatrix}$$

根据判定原则，当 $|H| = -\alpha[e_0 \mu(P_c + k + \varepsilon) - \beta] - \frac{1}{4}[\alpha e_0(P_c + k + \varepsilon) - \mu]^2 > 0$ 时，存在最优批发价格和碳减排率使得领军企业利润达到最大值，对式(9—25)中 P_E 和 ω 求导并令其为0，得到最优批发价格与最优碳减排率：

$$P_{E3}^* = [\alpha e_0^2(P_c+k)^2(Q_0+\mu) + C\mu^2 + e_0(P_c+k)(\mu^2+Q_0\mu-2\alpha\beta+\alpha C\mu)$$
$$+ 2\alpha e_0^2\varepsilon[(P_c+k)(Q_0+\mu)] + \alpha e_0^2 Q_0\varepsilon^2 + \alpha C e_0\mu\varepsilon + e_0 Q_0\mu\varepsilon - 2\beta Q_0 - 2\alpha\beta C]/$$
$$\{[\mu+\alpha e_0(P_c+k+\varepsilon)]^2 - 4\alpha\beta\}$$

(9—26)

$$\omega_3^* = \frac{[\mu+\alpha e_0(P_c+k+\mu)][\alpha C-Q_0+\alpha e_0(P_c+k)]}{[\mu+\alpha e_0(P_c+k+\varepsilon)]^2-4\alpha\beta} \quad (9—27)$$

将式(9—26)与式(9—27)代入式(9—24),得到最优零售价格为:

$$P_{r3}^* = [\alpha e_0^2(P_c+k+\varepsilon)^2(Q_0+\mu) + C\mu^2 + \beta(3Q_0+\alpha C)$$
$$+ e_0(P_c+k)(\mu^2+Q_0\mu-\alpha\beta+\alpha C\mu) + e_0 Q_0\varepsilon\mu]/$$
$$\{[\mu+\alpha e_0(P_c+k+\varepsilon)]^2-4\alpha\beta\}$$

(9—28)

将式(9—27)与式(9—28)代入式(9—1),得到市场需求量:

$$Q_3^* = \frac{\alpha\beta[\alpha C-Q_0+\alpha e_0(P_c+k)]}{[\mu+\alpha e_0(P_c+k+\varepsilon)]^2-4\alpha\beta} \quad (9—29)$$

由此,得到领军企业与下游零售商的利润模型:

$$\pi_{E3}^* = [-\beta\alpha^2 C^2 - 2\beta\alpha^2 Ce_0 k - 2\beta\alpha^2 Ce_0 P_c + 2A\alpha^2 k^2 e_0^2 P_c - \beta\alpha b k^2 e_0^2$$
$$+ 4A\alpha^2 e_0^2 kP_c^2 + 4A\alpha^2 e_0^2 kP_c\varepsilon - 2\beta\alpha^2 e_0^2 P_c + 2A\alpha^2 e_0^2 P_c^3 + 4A\alpha^2 e_0^2 P_c^2\varepsilon$$
$$- \beta\alpha^2 e_0^2 bP_c^2 + 2A\alpha^2 e_0^2 P_c\varepsilon^2 + 2\alpha\beta CQ_0 + 4A\alpha e_0 kP_c\mu + 2\alpha\beta e_0 kQ_0$$
$$+ 4A\alpha e_0 P_c^2\mu + 2\alpha\beta e_0 P_c Q_0 + 4A\alpha e_0 P\varepsilon\mu - 8A\beta\alpha P_c + 2AP_c\mu^2 - \beta Q_0^2]$$
$$/2\{[\mu+\alpha e_0(P_c+k+\varepsilon)]^2-4\alpha\beta\}$$

(9—30)

$$\pi_{R3}^* = \frac{\alpha\beta^2[\alpha C-Q_0+\alpha e_0(P_c+k)]^2}{\{[\mu+\alpha e_0(P_c+k+\varepsilon)]^2-4\alpha\beta\}^2} \quad (9—31)$$

推论7:在产品补贴下的分散式决策中,当满足$-\alpha[e_0\mu(P_c+k+\varepsilon)-\beta]-\frac{1}{4}[\alpha e_0(P_c+k+\varepsilon)-\mu]^2>0$时,随着碳排放权价格的增加,单位碳减排量呈现上升趋势,领军企业利润随碳排放权价格的升高而增加。

证明:式(9—27)、式(9—30)对碳排放权价格P_c求一阶偏导,得到:$\frac{\partial\omega_3^*}{\partial P_c}>0, \frac{\partial\pi_{E3}^*}{\partial P_c}>0$。

可知，函数呈单调递增性质，即 P_c 越大，ω_3^*、π_{E3}^* 越大，说明碳排放权价格能促进领军企业进行低碳科技投资，推论7得证。

推论8：在产品补贴下的分散式决策中，当满足 $-\alpha[e_0\mu(P_c+k+\varepsilon)-\beta]-\frac{1}{4}[\alpha e_0(P_c+k+\varepsilon)-\mu]^2>0$ 时，随着碳税税率的增加，单位碳减排量呈现上升趋势，领军企业利润随着碳税税率的升高而降低。

证明：式（9—27）、式（9—30）对碳税税率 k 求一阶偏导，得到：$\frac{\partial \omega_3^*}{\partial k}>0$，$\frac{\partial \pi_{E3}^*}{\partial k}<0$。

可知，函数呈单调递减性质，即 k 越大，ω_3^* 越大，π_{E3}^* 越小，说明碳税能促进领军企业进行减少碳排放，但是由于征收碳税使得企业成本升高，因此，企业的利润会下降，推论8得证。

推论9：在产品补贴下的分散式决策中，当满足 $-\alpha[e_0\mu(P_c+k+\varepsilon)-\beta]-\frac{1}{4}[\alpha e_0(P_c+k+\varepsilon)-\mu]^2>0$ 时，随着消费者的低碳水平敏感系数的增加，单位碳减排量呈现上升趋势，领军企业利润随之增加。

证明：式（9—27）、式（9—30）对消费者的低碳水平敏感系数 μ 求一阶偏导，得到：$\frac{\partial \omega_3^*}{\partial \mu}>0$，$\frac{\partial \pi_{E3}^*}{\partial \mu}>0$。

可知，函数呈单调递增性质，即 μ 越大，ω_3^*、π_{E3}^* 越大，说明消费者的低碳水平敏感系数能促进领军企业进行低碳科技投资，推论9得证。

推论10：在产品补贴下的分散式决策中，当满足 $-\alpha[e_0\mu(P_c+k+\varepsilon)-\beta]-\frac{1}{4}[\alpha e_0(P_c+k+\varepsilon)-\mu]^2>0$ 时，随着低碳科技投资产品补贴系数的增加，单位碳减排水平也出现上升趋势，领军企业利润随着产品补贴比例的升高而增加。

证明：式（9—27）、式（9—30）对产品补贴系数 ε 求一阶偏导，得到：$\frac{\partial \omega_3^*}{\partial \varepsilon}>0$，$\frac{\partial \pi_{E3}^*}{\partial \varepsilon}>0$。

可知，函数呈单调递增性质，即 ε 越大，ω_3^*、π_{E3}^* 越大，说明政府对低碳科技投资产品进行补贴能促进领军企业进行低碳科技投资，推论10得证。

9.4 数值算例与仿真

9.4.1 参数说明

为了验证上述推论,分析各变量对碳减排率与利润的影响,本书将各变量设置数值,代入上述方程进行求解,并画出自变量与因变量之间的关系图。由于低碳科技投资资金量大,且还处于初级发展阶段,受限于目前科技发展水平,所以获取实际完整的数据比较困难。因此,数据选取方面部分选用国际数据、行业数据,还有部分参考现有文献采用理论估值,各参数值设定如表9—2所示:

表 9—2　　　　　　　　　仿真参数设定表

参数	e_0	β	Q_0	α	C	A
数值	10	100 000	20 000	30	0.8	150 000

9.4.2 敏感性分析

1. 碳排放权价格的影响

影响碳排放权价格的因素有许多,具体可以参见图9—4。

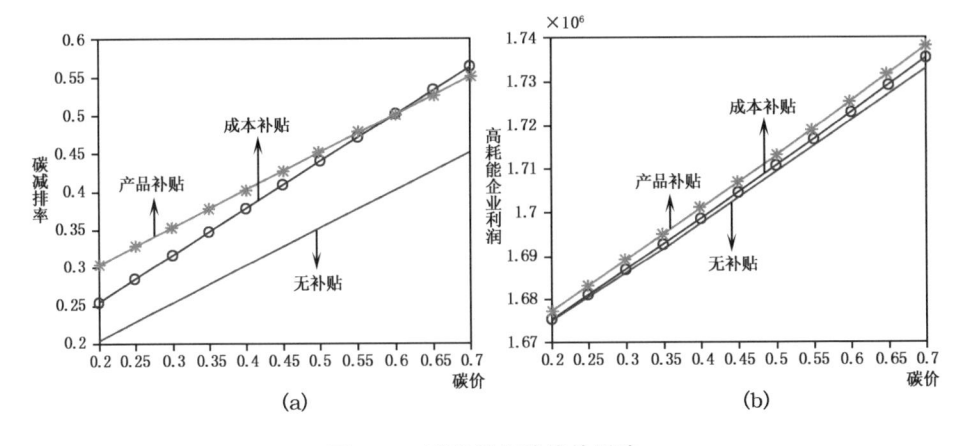

图 9—4　碳排放权价格的影响

由图 9—4(a)可知,在无补贴、成本补贴以及产品补贴三种补贴模式下,碳减排率都随着碳排放权价格的升高而升高,碳排放权价格越高,企业在碳交易市场上出售剩余碳配额获得的收益就越高。因此,企业为获得更高的收益,愿意采用低碳科技的方式来减少碳排放量,由此企业的碳减排率就会升高,企业的碳排放量也就越高,企业可以在碳交易市场上出售的碳排放权就越多,获得的收益就越多。由图 9—4(b)可以看出,领军企业利润与碳排放权价格正相关,较高的碳减排率不仅给企业带来了经济效益,而且给企业带来了较高的环境效益。投资低碳科技后,企业大大减少了碳排放量,不仅保护了环境,承担起降污减排的责任,而且提升了企业的声誉,提高了企业低碳产品销售量,增加了企业利润。

由图 9—4 可知,无补贴、产品补贴与成本补贴下碳交易价格对碳减排率、领军企业利润有相同的影响趋势。产品补贴与成本补贴下碳减排率、领军企业利润均高于无补贴状态,说明采用补贴策略能有效地激励企业进行碳减排工作。在不同碳减排补贴策略下,碳排放权价格对企业利润的影响并不显著,但是与成本补贴相比,政府对领军企业进行产品补贴时,领军企业的碳减排率、利润均高于成本补贴。但是,随着碳排放权价格的升高,产品补贴对碳排放量的影响逐渐减小,因此,为实现环境与经济的双赢目标,政府要根据碳价变化,灵活制定补贴策略。

2. 碳税税率的影响

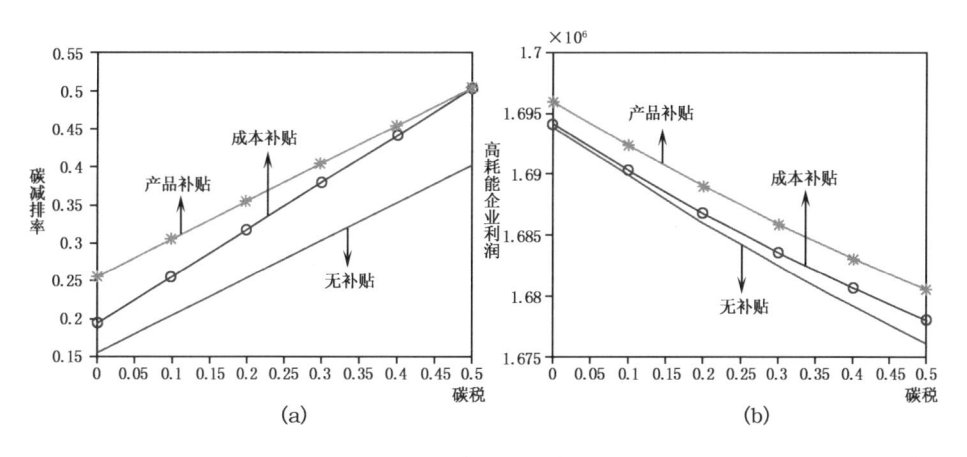

图 9—5 碳税税率的影响

由图 9—5(a)可知,在无补贴、成本补贴以及产品补贴三种补贴模式下,碳减排率都随着碳税税率的增大而升高,碳税税率越高,企业需要缴纳的碳税税额越高,给企业带来了较高的成本。因此,为减少成本支出,企业会积极进行碳减排工作,激励企业投资低碳科技,从而使企业的碳减排率出现上升趋势。由图 9—5(b)可以看出,领军企业利润呈现下降趋势,这是由于在碳税税率较高时,企业需要缴纳的税额较高,企业的碳减排率也处于较高水平。由前文假设可知,低碳科技投资成本与碳排放率呈正相关,较高的碳减排水平意味着需要付出较高的成本,领军企业由于销售产品而带来的收入增加低于投资低碳科技的成本与税额之和,因而领军企业利润会呈现下降趋势。

由图 9—5 可知,无补贴、产品补贴与成本补贴下碳税税率对碳减排率、领军企业利润有相同的影响趋势,产品补贴与成本补贴下碳减排率、领军企业利润均高于无补贴状态,说明采用补贴策略能有效地激励企业进行碳减排工作。与成本补贴相比,政府对领军企业进行产品补贴时领军企业的碳减排率、利润均高于成本补贴。企业做出决策的依据是利润最大化,因此,采用产品补贴策略是激励领军企业投资的有效策略。

3. 消费者低碳水平敏感系数的影响

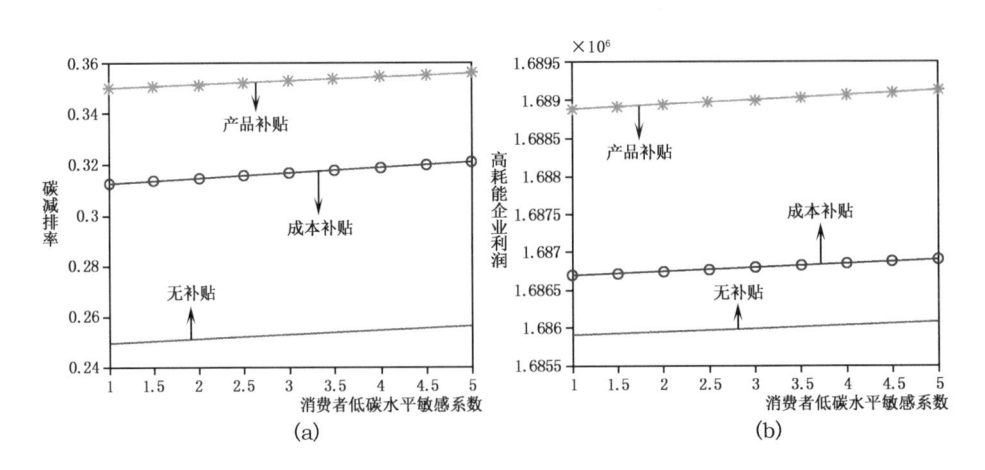

图 9—6 消费者低碳水平敏感系数的影响

由图 9—6(a)可知,在无补贴、成本补贴以及产品补贴三种补贴模式下,碳减排率都随着消费者低碳水平敏感系数的增大而升高。消费者低碳水平敏感系数越高,消费者对低碳产品的市场需求量也就越高。企业为了销售更多的产品、抢占更多的市场份额,会提高产品的碳减排率,因而领军企业由于产品销售带来的收益会增加,一旦企业产品出售增加的收益超过了企业投资低碳科技付出的成本,领军企业的利润也就相应地逐步升高。

由图 9—6 可知,无补贴、产品补贴与成本补贴下消费者低碳水平敏感系数对碳减排率、领军企业利润有相同的影响趋势。产品补贴与成本补贴下碳减排率、领军企业利润均高于无补贴状态,说明采用补贴策略能有效地激励企业进行碳减排工作。与成本补贴相比,政府对领军企业进行产品补贴时,领军企业的碳减排率、利润均高于成本补贴。随着消费者低碳水平敏感系数的升高,产品补贴对碳排放量的影响也会稳步提升,政府进行产品补贴使企业投资低碳科技的积极性也就更高。

4. 成本补贴比例的影响

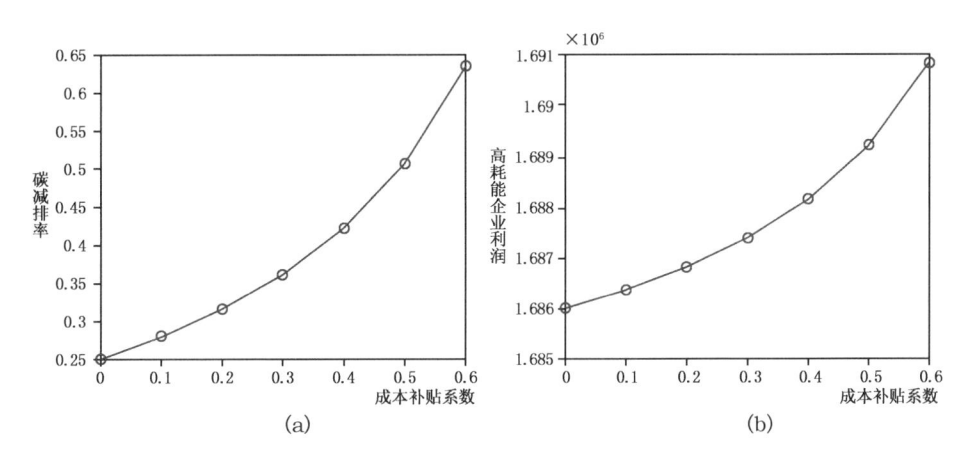

图 9—7 成本补贴比例的影响

由图 9—7(a)可知,碳减排率随着成本补贴比例的增大而升高。成本补贴比例越高,企业投资低碳科技付出的成本越少,投资低碳科技的意愿也就更强。投资使用低碳科技以后,企业的产品碳减排量会显著降低。消费者对产品的低碳偏好使得产品的市场需求量增加,而且与普通产品相比,生产低碳产品所需的成本较高,所以领军企业会提高产品的批发价格,致使领军企业利润随成本补贴比例的提高而增加,收益的增加进一步增强了企业投资低碳科技的积极性[如图 9—7(b)所示]。

5. 产品补贴系数的影响

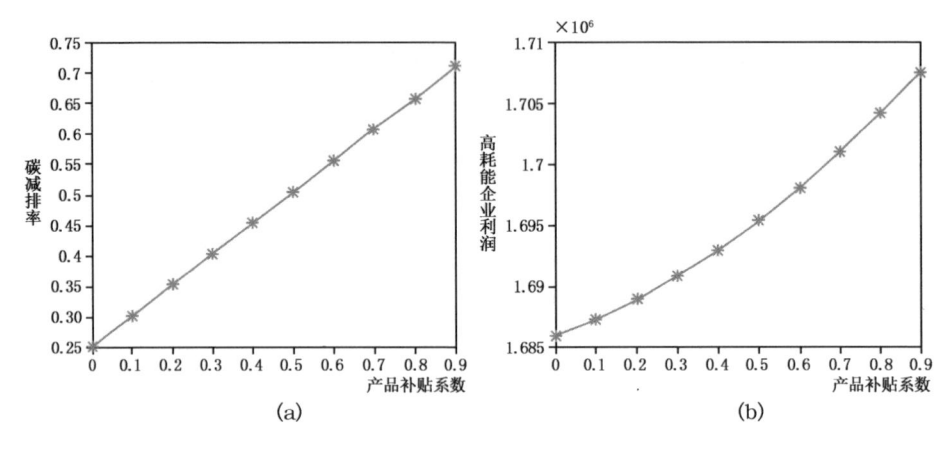

图 9—8　产品补贴系数的影响

由图 9—8(a)可知，碳减排率随着产品补贴系数的增大而升高。政府对产品碳减排量进行的补贴弥补了企业投资低碳科技的部分成本，企业投资低碳科技的成本由此降低。企业投入的低碳科技水平越高，碳减排量越大，产品的市场需求量以及产品的批发价格和销售价格越高，企业的销售收益也就越高。对领军企业来说，政府对产品进行补贴后，在消费者低碳偏好的影响下，投资低碳科技会获得更高的销售收入，与无补贴相比付出较少的成本，因此企业进行低碳科技投资的积极性会进一步增强。

6. 不同补贴策略对比分析

图 9—9 描绘了成本补贴比例与产品补贴比例相同时的碳减排率与领军企业利润的变化趋势。由图 9—9(a)可知，当补贴比例较小时，相同补贴比例下，采取产品补贴时领军企业的碳减排水平更高，但是随着补贴比例的提升，产品补贴的敏感性逐渐减小，当补贴比例超过 0.5 时，采用成本补贴碳减排量更大。由图 9—9(b)可知，在相同的补贴比例下，采用产品补贴时领军企业的利润更大，且随着补贴比例的增加，采用产品补贴时领军企业的利润增长更快，优势更为明显，因此，在资金充足时采用产品补贴激励效果更优。

图 9—9　不同补贴策略的影响

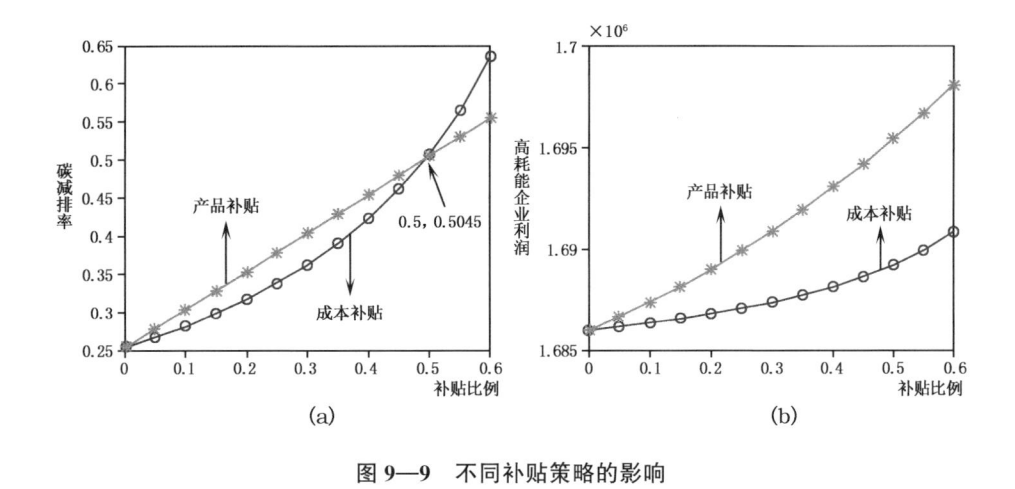

9.5　本章小结

本章以领军企业与零售商组成的供应链为研究对象,分析了领军企业不需要融资时无补贴、成本补贴与产品补贴情形下的低碳科技投资策略,并通过数值仿真分析了各影响因素对碳减排率、领军企业利润与零售商利润的影响。本章的主要研究结论如下:(1)碳排放权价格与碳减排率、领军企业利润呈现正相关关系。(2)碳税税率与碳减排率呈正相关关系,与领军企业利润呈负相关关系。(3)消费者低碳水平敏感系数、成本补贴比例、产品补贴系数均与碳减排率、领军企业利润、零售商利润呈正相关关系。(4)与无补贴相比,成本补贴与产品补贴能有效提高碳减排率以及企业的利润,且产品补贴的效果优于成本补贴的效果。

第 10 章 外部融资条件下低碳科技创新联合体投资策略研究

本章分析了政府低碳政策引导下产业链中以科技领军企业为主导组建创新联合体的低碳科技投资研发问题。本章在第 9 章的基础上分析领军企业的融资问题。本章聚焦在绿色金融政策的支持下企业外部融资模式的投资优化策略，以领军企业与零售商组成的供应链为研究对象，在考虑商业银行贷款利率折扣的前提下构建了无补贴、产品补贴与成本补贴下的低碳科技投资决策模型，研究领军企业的最优投资策略。

10.1 背景描述与基本假设

投资低碳科技的成本较高，又没有长期稳定的项目利润来源，因此投资使用低碳科技在我国发展较为缓慢，目前应用规模也较小。鉴于低碳科技投资资金需求量大的特征，很多企业没有足够的资金支付投资成本，只能通过融资来募集所需资金。在我国提出的绿色金融政策的支持下，商业银行对碳减排贷款提供一定的利率折扣，可以有效地提高企业投资低碳科技的积极性。领军企业在资金约束的情况下向银行融资用于碳减排活动，银行会给其提供专项绿色金融服务，所以对具有高碳排放量特征的领军企业来说很容易从银行获得贷款。在由上游领军企业和下游零售商构成的供应链中，领军企业作为低碳科技投资执行方占据主导地位。本章假设领军企业拥有的自有资金只能满足企业正常的生产和运营活动,没有剩余的资金用于投资低碳科技,领军企业与下游零售商均处于独立经营状态,再研究各自独立决策下低碳科技投资策略。

假设1:投资低碳科技对生产效率无影响,此项投资是不可逆的,领军企业风险态度为中性偏好。

假设2:假设政府发放给领军企业的碳配额为A,企业投资低碳科技后将多余的碳排放权放在碳市场上出售,碳排放权价格为P_c。

假设3:设投资低碳科技前单位产品碳排放量为e_0,投资低碳科技后单位产品碳排放量为e,低碳技术减排率$\omega=\dfrac{e_0-e}{e_0}$。

假设4:通过骆瑞玲等(2014)的研究可知,领军企业碳减排科技成本与碳减排量相关,且两者为正相关关系。假设低碳科技一次性投资成本为$I=\dfrac{1}{2}\beta\omega^2$,其中,$\beta$为领军企业采纳低碳技术的成本系数,代表低碳技术的费用水平。

假设5:领军企业需要缴纳一定的碳税,按企业一年内产生碳排放总量计算所需缴纳税额,企业投资低碳科技后所需缴纳的碳税税额为$F=k(1-\omega)e_0Q$,k为碳税税率。

假设6:假设市场需求函数为:

$$Q=Q_0-\alpha P_r+\mu\omega \tag{10—1}$$

其中,Q_0表示潜在的市场需求,满足$Q_0-\alpha P_r>0$;α表示消费者价格弹性系数;μ表示消费者对低碳产品单位减排量的敏感系数,产品的碳减排水平越高,产品的需求量越高。

假设7:领军企业自有资金不足,通过向银行贷款的方式募集资金。银行的一般贷款利率为r,对于用于碳减排项目的贷款,银行为其提供绿色信贷业务,对贷款利率提供折扣,折扣为λ。

10.2 参数设置

具体的参数设置如表10—1所示。

表 10—1　参数设置及含义说明

参数	含义	参数	含义
P_E	领军企业产品批发价格	θ	成本补贴比例
P_r	零售商零售价格	ε	产品补贴系数
P_c	碳交易价格	C	单位产品生产成本
e_0	低碳科技投资前单位产品碳排放量	k	碳税税率
e	低碳科技投资后单位产品碳排放量	A	领军企业碳排放配额
ω	领军企业低碳科技投资后碳减排水平	Q_0	潜在的市场需求
β	领军企业投资低碳科技成本系数	π_{Ei}	领军企业利润
α	低碳产品需求的零售价格弹性系数	π_{Ri}	零售商利润
μ	消费者低碳水平敏感系数	r	一般贷款利率
λ	减排贷款利率折扣		

$i=1,2,3,\cdots,9$ 表示领军企业自有资金充足以及资金约束情况下无政府补贴、成本补贴与产品补贴的九种情况。

10.3　模型构建与求解

10.3.1　无碳减排补贴的投资策略模型构建与求解（情景 4）

情景 4 的研究模型见图 10—1。

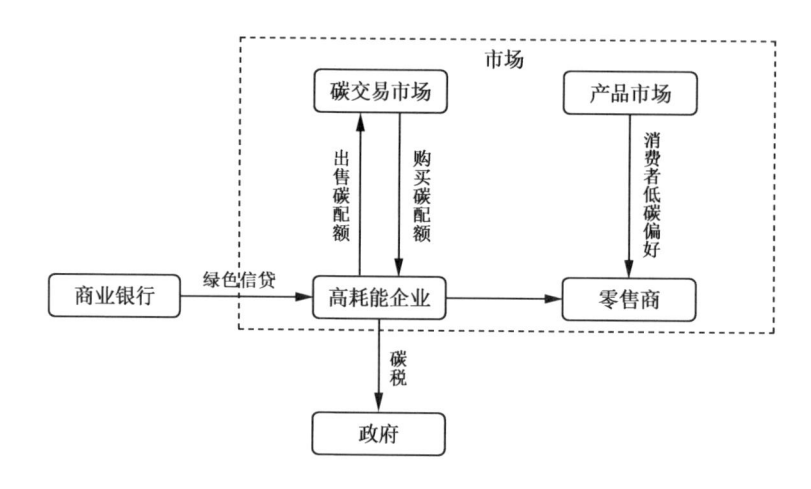

图 10—1　情景 4 研究模型图

为了对比分析政府补贴及供应链上下游企业的投资效果,本书首先给出无政府补贴情况下的模型及结果作为政府补贴政策效果对比的下限,政府提供补贴后双方的利润应比无补贴模式下高。

构建无碳减排补贴的投资策略模型,须先确定领军企业的碳减排水平和产品批发价格,再由零售商根据领军企业的决策制定产品的销售价格。从市场需求函数来看,领军企业的决策也会影响消费者的需求量,从而影响零售商的利润。领军企业、零售商的投资优化模型分别为:

$$\max\pi_{E4}=(P_E-C)(Q_0-\alpha P_r+\mu\omega)+[A-(1-\omega)e_0(Q_0-\alpha P_r+\mu\omega)]P_c$$
$$-k(1-\omega)e_0(Q_0-\alpha P_r+\mu\omega)-\frac{1}{2}\beta\omega^2[1+(1-\lambda)r]$$

$$(10-2)$$

$$\max\pi_{R4}=(P_r-P_E)(Q_0-\alpha P_r+\mu\omega) \qquad (10-3)$$

与9.3.1节求解思路一致,针对上述领军企业和零售商投资优化模型,采用逆向归纳法求解。

对式(10—3)中的零售商零售价格 P_r 求一阶偏导,其一阶导数为 $\frac{\partial\pi_{R4}}{\partial P_r}=Q_0-\alpha P_r+\mu\omega+\alpha P_E$,二阶导数为 $\frac{\partial^2\pi_{R4}}{\partial P_r^2}=-2\alpha<0$,则存在最优零售价格使零售商利润达到最大。令一阶导数为0,得到最优零售价格为:

$$P_{r4}^*=\frac{Q_0+\mu\omega+\alpha P_E}{2\alpha} \qquad (10-4)$$

将式(10—4)代入领军企业利润模型,得到:

$$\pi_{E4}=\frac{1}{2}[P_E-C-k(1-\omega)e_0](Q_0-\alpha P_E+\mu\omega)$$
$$+\left[A-\frac{1}{2}(1-\omega)e_0(Q_0-\alpha P_E+\mu\omega)\right]P_c-\frac{1}{2}\beta\omega^2[1+(1-\lambda)r]$$

$$(10-5)$$

对式(10—5)中的 P_E 和 ω 求二阶偏导数,得到海塞矩阵:

$$H=\begin{vmatrix} -\alpha & \frac{1}{2}[\alpha e_0(P_c+k)-\mu] \\ \frac{1}{2}[\alpha e_0(P_c+k)-\mu] & e_0\mu(P_c+k)+\beta[(\lambda-1)r-1] \end{vmatrix}$$

根据判定原则，当 $|H| = -\alpha[e_0\mu(P_c+k) + \beta[(\lambda-1)r-1]] - \frac{1}{4}[\mu - e_0\alpha(P_c+k)]^2 > 0$ 时，存在最优批发价格和碳减排率使得领军企业利润达到最大值，对式(11—5)中的 P_E 和 ω 求导并令其为0，得到最优批发价格与最优碳减排率：

$$P_{E4}^* = [\alpha e_0^2(P_c+k)^2(Q_0+\mu) + C\mu^2 - 2\beta Q_0 - 2\alpha\beta C - 2\beta Q_0 r + 2\beta Q_0\lambda$$
$$+ e_0(P_c+k)(\mu^2 + Q_0\mu - 2\alpha\beta + \alpha C\mu - 2\alpha\beta r + 2\alpha\beta\lambda r) - 2\alpha\beta Cr$$
$$+ \alpha Ce_0 k\mu + 2\alpha\beta C\lambda r]/\{[\mu + \alpha e_0(P_c+k)]^2 - 4\alpha\beta[1+r(1-\lambda)]\}$$

(10—6)

$$\omega_4^* = \frac{[\mu + \alpha e_0(P_c+k)][\alpha C - Q_0 + \alpha e_0(P_c+k)]}{[\mu + \alpha e_0(P_c+k)]^2 - 4\alpha\beta[1+r(1-\lambda)]}$$

(10—7)

将式(10—6)与式(10—7)代入式(10—4)，得到最优零售价格：

$$P_{r4}^* = [\alpha e_0^2(P_c+k)^2(Q_0+\mu) + C\mu^2 - [1+r(1-\lambda)](3\beta Q_0 + \alpha\beta C)$$
$$+ e_0(P_c+k)[\mu^2 + Q_0\mu - \alpha\beta[1+r(1-\lambda)] + \alpha C\mu]]$$
$$/\{[\mu + \alpha e_0(P_c+k)]^2 - 4\alpha\beta[1+r(1-\lambda)]\}$$

(10—8)

将式(10—7)与式(10—8)代入式(10—1)，得到市场需求量：

$$Q_4^* = \frac{\alpha\beta[1+r(1-\lambda)][\alpha C - Q_0 + \alpha e_0(P_c+k)]}{[\mu + \alpha e_0(P_c+k)]^2 - 4\alpha\beta[1+r(1-\lambda)]}$$

(10—9)

由此，得到领军企业与下游零售商的利润模型：

$$\pi_{E4}^* = \{[1+r(1-\lambda)](2\alpha\beta CQ_0 - \beta\alpha^2 C^2 - \beta\alpha^2 e_0^2 P_c^2 - 8A\alpha\beta P_c$$
$$- 2\alpha^2\beta e_0^2 kP_c + 2\alpha\beta e_0 kQ_0 + 2\alpha\beta e_0 P_c Q_0 - 2\alpha^2\beta Ce_0 k - \beta Q_0^2)$$
$$2AP_c\mu^2 - \beta\alpha^2 e_0^2 k^2 + 2A\alpha^2 e_0^2 P_c^3 + 4A\alpha^2 e_0^2 kP_c^2 + 2A\alpha^2 e_0^2 k^2 P_c$$
$$- \beta\alpha^2 e_0^2 k^2 r(1-\lambda) - \alpha^2\beta Ce_0 P_c + 4A\alpha e_0 P_c^2\mu - 2\alpha^2 Ce_0 P_c r(1-\lambda)$$
$$+ 4A\alpha e_0 kP_c\mu\}/2\{[\mu + \alpha e_0(P_c+k)]^2 - 4\alpha\beta[1+r(1-\lambda)]\}$$

(10—10)

$$\pi_{R4}^* = \frac{\alpha\beta^2[1+r(1-\lambda)][\alpha C - Q_0 + \alpha e_0(P_c+k)]^2}{\{[\mu + \alpha e_0(P_c+k)]^2 - 4\alpha\beta[1+r(1-\lambda)]\}^2}$$

(10—11)

推论1：在无碳减排补贴的分散式决策中，当满足 $-\alpha\{e_0\mu(P_c+k) + \beta[(\lambda-$

$1)r-1]\}-\frac{1}{4}[\mu-e_0\alpha(P_c+k)]^2>0$ 时,随着碳排放权价格的增加,单位碳减排量呈现上升趋势,领军企业利润随碳排放权价格的升高而增加。

证明:式(10—7)、式(10—10)对碳排放权价格 P_c 求一阶偏导,得到: $\frac{\partial \omega_4^*}{\partial P_c}>0$, $\frac{\partial \pi_{E4}^*}{\partial P_c}>0$。

可知,函数呈单调递增性质,即 P_c 越大, ω_4^*、π_{E4}^* 越大,说明碳排放权价格能促进领军企业进行低碳科技投资,推论 1 得证。

推论 2:在无碳减排补贴的分散式决策中,当满足 $-\alpha\{e_0\mu(P_c+k)+\beta[(\lambda-1)r-1]\}-\frac{1}{4}[\mu-e_0\alpha(P_c+k)]^2>0$ 时,随着碳税税率的增加,单位碳减排量呈现上升趋势,领军企业利润随着碳税税率的升高而降低。

证明:式(10—7)、式(10—10)对碳税税率 k 求一阶偏导,得到: $\frac{\partial \omega_4^*}{\partial k}>0$, $\frac{\partial \pi_{E4}^*}{\partial k}<0$。

可知,函数呈单调递减性质,即 k 越大, ω_4^* 越大, π_{E4}^* 越小,说明碳税能促进领军企业进行减少碳排放,但是由于征收碳税使得企业成本升高,因此,企业的利润会下降,推论 2 得证。

推论 3:在无碳减排补贴的分散式决策中,当满足 $-\alpha\{e_0\mu(P_c+k)+\beta[(\lambda-1)r-1]\}-\frac{1}{4}[\mu-e_0\alpha(P_c+k)]^2>0$ 时,随着消费者的低碳水平敏感系数的增加,单位碳减排量呈现上升趋势,领军企业利润随之增加。

证明:式(10—7)、式(10—10)对消费者的低碳水平敏感系数 μ 求一阶偏导,得到: $\frac{\partial \omega_4^*}{\partial \mu}>0$, $\frac{\partial \pi_{E4}^*}{\partial \mu}>0$。

可知,函数呈单调递增性质,即 μ 越大, ω_4^*、π_{E4}^* 越大,说明消费者的低碳水平敏感系数能促进领军企业进行低碳科技投资,推论 3 得证。

10.3.2 成本补贴下的投资策略模型构建与求解(情景 5)

情景 5 的研究模型见图 10—2。

结合 9.3.2 节,本节给出在银行融资下考虑政府成本补贴领军企业低碳科技投资时的分散决策模型,与本书其他模型结果进行对比,借鉴曹细玉等人的研究,设成本补贴比例为 $\theta(0<\theta<1)$,补贴额度为 $\frac{1}{2}\theta\beta\omega^2$。

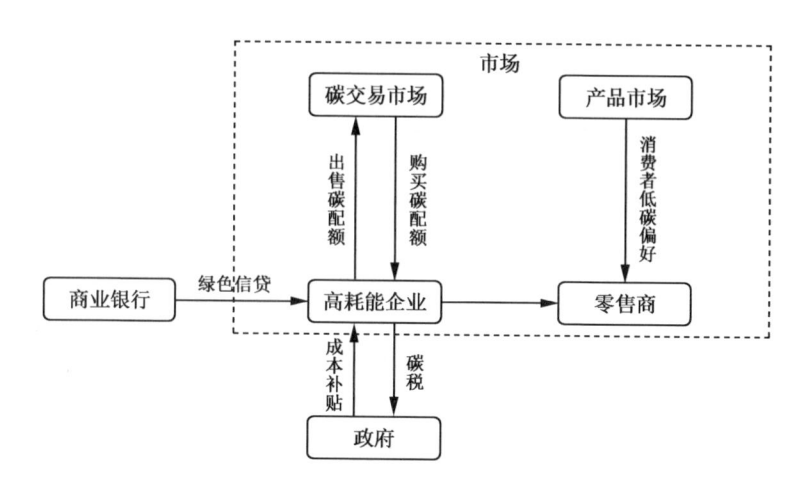

图 10—2 情景 5 研究模型图

构建成本补贴下的投资策略模型须先确定领军企业的碳减排水平和产品批发价格,再由零售商根据领军企业的决策制定产品的销售价格。从市场需求函数来看,领军企业的决策也会影响消费者的需求量,从而影响零售商的利润。领军企业、零售商的投资优化模型分别为:

$$\max\pi_{E5}=(P_E-C)(Q_0-\alpha P_r+\mu\omega)+[A-(1-\omega)e_0(Q_0-\alpha P_r+\mu\omega)]P_c$$
$$-k(1-\omega)e_0(Q_0-\alpha P_r+\mu\omega)-\frac{1}{2}(1-\theta)\beta\omega^2[1+(1-\lambda)r]$$

(10—12)

$$\max\pi_{R5}=(P_r-P_E)(Q_0-\alpha P_r+\mu\omega) \quad (10—13)$$

与 9.3.1 节求解思路一致,针对上述领军企业和零售商投资优化模型,采用逆向归纳法求解。

对式(10—13)中的零售商零售价格 P_r 求一阶偏导,其一阶导数为 $\frac{\partial\pi_{R5}}{\partial P_r}=Q_0-\alpha P_r+\mu\omega+\alpha P_E$,二阶导数为 $\frac{\partial^2\pi_{R5}}{\partial P_r^2}=-2\alpha<0$,则存在最优零售价格使零售

商利润达到最大。令一阶导数为0,得到最优零售价格:

$$P_{r5}^* = \frac{Q_0 + \mu\omega + \alpha P_E}{2\alpha} \quad (10-14)$$

将式(10—14)代入领军企业利润模型,得到:

$$\begin{aligned}\pi_{E5} = &\frac{1}{2}[P_E - C - k(1-\omega)e_0](Q_0 - \alpha P_E + \mu\omega) \\ &+ \left[A - \frac{1}{2}(1-\omega)e_0(Q_0 - \alpha P_E + \mu\omega)\right]P_c \\ &- \frac{1}{2}(1-\theta)\beta\omega^2[1+(1-\lambda)r]\end{aligned} \quad (10-15)$$

对式(10—15)中的 P_E 和 ω 求二阶偏导数,得到海塞矩阵:

$$H = \begin{vmatrix} -\alpha & \frac{1}{2}[\mu - \alpha e_0(P_c + k)] \\ \frac{1}{2}[\mu - \alpha e_0(P_c + k)] & e_0\mu(P_c + k) - [r(\lambda-1)-1](\theta-1)\beta \end{vmatrix}$$

根据判定原则,当 $|H| = -\alpha[e_0\mu(P_c+k) - [r(\lambda-1)-1](\theta-1)\beta] - \frac{1}{4}[\alpha e_0(P_c+k) - \mu]^2 > 0$ 时,存在最优批发价格和碳减排率使得领军企业利润达到最大值,对式(10—15)中的 P_E 和 ω 求导并令其为0,得到最优批发价格与最优碳减排率:

$$\begin{aligned}P_{E5}^* = &[\alpha e_0^2(P_c+k)^2(Q_0+\mu) + C\mu^2 + 2\beta(\theta-1)(Q_0+C) - 2\beta C\theta \\ &- 2\beta Q_0 r(1-\theta)(1-\lambda) + 2\alpha\beta(\theta - r + \lambda r + \theta r - \theta\lambda r)[C + e_0(P_c+k)] \\ &+ e_0(P_c+k)(\mu^2 + Q_0\mu - 2\alpha\beta + \alpha C\mu)] / \\ &\{[\mu + \alpha e_0(P_c+k)]^2 - 4(1-\theta + r - \lambda r - \theta r + \theta\lambda r)\alpha\beta\}\end{aligned}$$

$$(10-16)$$

$$\omega_5^* = \frac{[\mu + \alpha e_0(P_c+k)][\alpha C - Q_0 + \alpha e_0(P_c+k)]}{[\mu + \alpha e_0(P_c+k)]^2 - 4(1-\theta + r - \lambda r - \theta r + \theta\lambda r)\alpha\beta} \quad (10-17)$$

将式(10—16)与式(10—17)代入式(10—14),得到最优零售价格:

$$\begin{aligned}P_{r5}^* = &\{\alpha e_0^2(P_c+k)^2(Q_0+\mu) + C\mu^2 + e_0(P_c+k)(\mu^2 + Q_0\mu + \alpha C\mu) \\ &+ (1-\theta + r + \lambda r - \theta r + \theta\lambda r)[-\alpha\beta C - 3\beta Q_0 - \alpha\beta e_0(P_c+k)]\} / \\ &\{[\mu + \alpha e_0(P_c+k)]^2 - 4(1-\theta + r - \lambda r - \theta r + \theta\lambda r)\alpha\beta\}\end{aligned}$$

$$(10-18)$$

将式(10—17)与式(10—18)代入式(10—1),得到市场需求量:

$$Q_5^* = \frac{\alpha\beta(\theta-1)[1+r(1-\lambda)][\alpha C-Q_0+\alpha e_0(P_c+k)]}{[\mu+\alpha e_0(P_c+k)]^2-4(1-\theta+r-\lambda r-\theta r+\theta\lambda r)\alpha\beta} \quad (10-19)$$

由此,得到领军企业与下游零售商的利润模型:

$$\pi_{E5}^* = [(1+r-\theta-\lambda r-\theta r+\theta\lambda r)(2\alpha\beta CQ_0-\alpha^2\beta C^2-\beta Q_0^2-\alpha^2\beta e_0^2 k^2-\alpha^2\beta e_0^2 P_c^2 \\ -8A\alpha\beta P-2\alpha^2\beta e_0^2 kP_c+2\alpha\beta e_0 kQ_0 2\alpha\beta e_0 P_c Q_0-2\alpha^2\beta Ce_0 k-2\alpha^2\beta Ce_0 P_c) \\ +\beta Q_0\theta^2+2AP_c\mu^2-\alpha^2\beta C+4A\alpha^2 e_0^2 kP_c^2+2A\alpha^2 e_0^2 k^2 P_c \\ +4A\alpha e_0 P_c^2\mu+4A\alpha e_0 kP_c\mu]/2\{[\mu+\alpha e_0(P_c+k)]^2 \\ -4(1-\theta+r-\lambda r-\theta r+\theta\lambda r)\alpha\beta\}$$

$$(10-20)$$

$$\pi_{R5}^* = \frac{\alpha\beta^2(\theta-1)^2[1+r(1-\lambda)]^2[\alpha C-Q_0+\alpha e_0(P_c+k)]^2}{\{[\mu+\alpha e_0(P_c+k)]^2-4\alpha\beta(1-\theta+r-\lambda r-\theta r+\theta\lambda r)\}^2} \quad (10-21)$$

推论4:在成本补贴下的分散式决策中,当满足$-\alpha[e_0\mu(P_c+k)-(1-\theta)\beta]-\frac{1}{4}[\mu-\alpha e_0(P_c+k)]^2>0$时,随着碳排放权价格的增加,单位碳减排量呈现上升趋势,领军企业利润随碳排放权价格的升高而增加。

证明:式(10—17)、式(10—20)对碳排放权价格P_c求一阶偏导,得到:$\frac{\partial \omega_5^*}{\partial P_c}>0, \frac{\partial \pi_{E5}^*}{\partial P_c}>0$。

可知,函数呈单调递增性质,即P_c越大,ω_5^*、π_{E5}^*越大,说明碳排放权价格能促进领军企业进行低碳科技投资,推论4得证。

推论5:在成本补贴下的分散式决策中,当满足$-\alpha[e_0\mu(P_c+k)-(1-\theta)\beta]-\frac{1}{4}[\mu-\alpha e_0(P_c+k)]^2>0$时,随着碳税税率的增加,单位碳减排量呈现上升趋势,领军企业利润随着碳税税率的升高而降低。

证明:式(10—17)、式(10—20)对碳税税率k求一阶偏导,得到:$\frac{\partial \omega_5^*}{\partial k}>0$, $\frac{\partial \pi_{E5}^*}{\partial k}<0$。

可知,函数呈单调递减性质,即k越大,ω_5^*越大,π_{E5}^*越小,说明碳税能促进领军企业进行减少碳排放,但是由于征收碳税使得企业成本升高,因此,企业的利润会下降,推论5得证。

推论6:在成本补贴下的分散式决策中,当满足$-\alpha[e_0\mu(P_c+k)-(1-\theta)\beta]-\frac{1}{4}[\mu-\alpha e_0(P_c+k)]^2>0$时,单位碳减排量呈现上升趋势,领军企业利润和下游零售商利润随之增加。

证明:式(10—17)、式(10—20)对消费者的低碳水平敏感系数μ求一阶偏导,得到:$\frac{\partial \omega_5^*}{\partial \mu}>0$,$\frac{\partial \pi_{E5}^*}{\partial \mu}>0$。

可知,函数呈单调递增性质,即μ越大,ω_5^*、π_{E5}^*越大,说明消费者的低碳水平敏感系数能促进领军企业进行低碳科技投资,推论6得证。

推论7:在成本补贴下的分散式决策中,当满足$-\alpha[e_0\mu(P_c+k)-(1-\theta)\beta]-\frac{1}{4}[\mu-\alpha e_0(P_c+k)]^2>0$时,随着低碳科技投资成本补贴系数的增加,单位碳减排水平呈现上升趋势,领军企业利润和下游零售商利润随之上升。

证明:式(10—17)、式(10—20)对成本补贴系数θ求一阶偏导,得到:$\frac{\partial \omega_5^*}{\partial \theta}>0$,$\frac{\partial \pi_{E5}^*}{\partial \theta}>0$。

可知,函数呈单调递增性质,即θ越大,ω_5^*、π_{E5}^*越大,说明政府对低碳科技投资成本进行补贴能促进领军企业进行低碳科技投资,推论7得证。

10.3.3 产品补贴下的投资策略模型构建与求解(情景6)

情景6的研究模型见图10—3。

在9.3.3节的基础上,本节构建银行融资下考虑政府产品补贴的领军企业低碳科技投资时的分散决策模型,设产品补贴系数为$\varepsilon(\varepsilon>0)$,则政府对领军企业的补贴金额为$\varepsilon w e_0 Q$。

构建产品补贴的投资策略模型须先确定领军企业的碳减排水平和产品批发价格,再由零售商根据领军企业的决策制定产品的销售价格。从市场需求函数来看,领军企业的决策也会影响消费者的需求量,从而影响零售商的利润。领军企业、零售商的投资优化模型分别为:

$$\max \pi_{E6} = (P_E - C + \varepsilon e_0 \omega)(Q_0 - \alpha P_r + \mu \omega) + [A - (1-\omega)e_0(Q_0 - \alpha P_r + \mu \omega)]P_c$$
$$- k(1-\omega)e_0(Q_0 - \alpha P_r + \mu \omega) - \frac{1}{2}\beta \omega^2 [1 + (1-\lambda)r]$$

(10—22)

$$\max \pi_{R6} = (P_r - P_E)(Q_0 - \alpha P_r + \mu \omega) \tag{10—23}$$

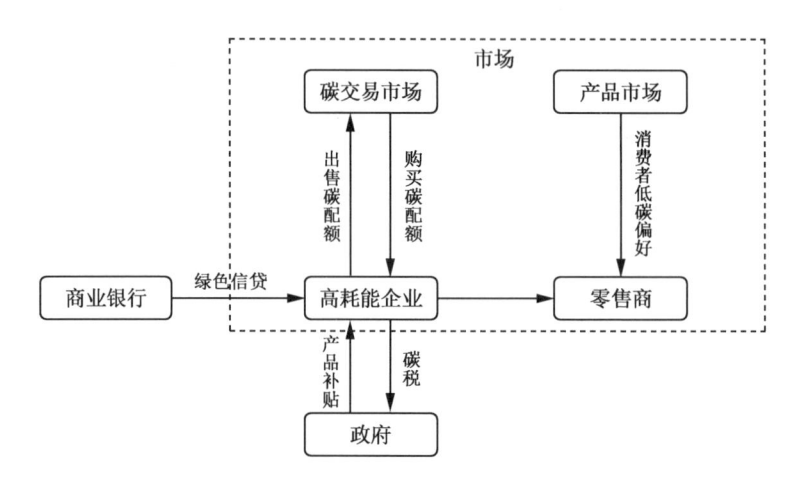

图 10—3　情景 6 研究模型图

与 9.3.1 节求解思路一致，针对上述领军企业和零售商投资优化模型，采用逆向归纳法求解。

对式(10—23)中的零售商零售价格 P_r 求一阶偏导，其一阶导数为 $\frac{\partial \pi_{R6}}{\partial P_r} = Q_0 - \alpha P_r + \mu \omega + \alpha P_E$，二阶导数为 $\frac{\partial^2 \pi_{R6}}{\partial P_r^2} = -2\alpha < 0$，则存在最优零售价格使零售商利润达到最大。令一阶导数为 0，得到最优零售价格：

$$P_{r6}^* = \frac{Q_0 + \mu \omega + \alpha P_E}{2\alpha} \tag{10—24}$$

将式(10—24)代入领军企业利润模型，得到：

$$\pi_{E6} = \frac{1}{2}[P_E - C + \varepsilon \omega e_0 - k(1-\omega)e_0](Q_0 - \alpha P_E + \mu \omega)$$
$$+ \left[A - \frac{1}{2}(1-\omega)e_0(Q_0 - \alpha P_E + \mu \omega)\right]P_c - \frac{1}{2}\beta \omega^2 [1 + (1-\lambda)r]$$

(10—25)

对式(10—15)中的 P_E 和 ω 求二阶偏导数,得到海塞矩阵:

$$H = \begin{vmatrix} -\alpha & \dfrac{1}{2}[\mu - \alpha e_0(P_c + k + \varepsilon)] \\ \dfrac{1}{2}[\mu - \alpha e_0(P_c + k + \varepsilon)] & \varepsilon\mu e_0 + e_0\mu(P_c + k + \varepsilon) - \beta[r(\lambda - 1) - 1] \end{vmatrix}$$

根据判定原则,当 $|H| = -\alpha[e_0\mu(P_c + k + \varepsilon) + \beta[r(\lambda - 1) - 1]] - \dfrac{1}{4}[\alpha e_0(P_c + k + \varepsilon) - \mu]^2 > 0$ 时,存在最优批发价格和碳减排率使得领军企业利润达到最大值,对式(10—25)中的 P_E 和 ω 求导并令其为 0,得到最优批发价格与最优碳减排率:

$$\begin{aligned}
P_{E6}^* = & \{\alpha e_0^2[(P_c + k)^2(Q_0 + \mu) + \varepsilon[(\mu + 2Q_0)(P_c + k) + \varepsilon Q_0]\} \\
& [1 + r(1 - \lambda)][-2\beta Q_0 - 2\alpha\beta e_0(P_c + k) - 2\alpha\beta C] \\
& + e_0(P_c + k)(\mu^2 + Q_0\mu + \alpha C\mu)] \\
& / \{[\mu + \alpha e_0(P_c + k + \varepsilon)]^2 - 4\alpha\beta[1 + r(1 - \lambda)]\}
\end{aligned} \tag{10—26}$$

$$\omega_6^* = \frac{[\mu + \alpha e_0(P_c + k + \varepsilon)][\alpha C - Q_0 + \alpha e_0(P_c + k)]}{[\mu + \alpha e_0(P_c + k + \varepsilon)]^2 - 4\alpha\beta[r(1 - \lambda) + 1]} \tag{10—27}$$

将式(10—26)与式(10—27)代入式(10—24),得到最优零售价格为:

$$\begin{aligned}
P_{r6}^* = & [\alpha e_0^2[(P_c + k + \varepsilon)^2 Q_0 + (P_c + k)(P_c + k + \varepsilon) - kP_c] \\
& [1 + r(1 - \lambda)][-3\beta Q_0 - \alpha\beta C - \alpha\beta e_0(P_c + k)] \\
& - C\mu^2 e_0(P_c + k)(\mu^2 + Q_0\mu + \alpha C\mu)] / \{[\mu + \alpha e_0(P_c + k + \varepsilon)]^2 \\
& - 4\alpha\beta[r(1 - \lambda) + 1]\}
\end{aligned} \tag{10—28}$$

将式(10—27)与式(10—28)代入式(10—1),得到市场需求量:

$$Q_6^* = \frac{\alpha\beta[1 + r(1 - \lambda)][\alpha C - Q_0 + \alpha e_0(P_c + k)]}{[\mu + \alpha e_0(P_c + k + \varepsilon)]^2 + 4\alpha\beta[r(\lambda - 1) - 1]} \tag{10—29}$$

由此,得到领军企业与下游零售商的利润模型:

$$\pi_{E6}^* = [(1+r-\lambda r)(2\alpha\beta CQ_0 - \beta Q_0^2 - \alpha^2\beta C^2 - \alpha^2\beta e_0^2 k^2 \alpha^2\beta e_0^2 P_c^2$$
$$2\alpha\beta e_0 kQ_0 - 8A\alpha\beta P_c - 2\alpha^2\beta e_0^2 kP_c + 2\alpha\beta e_0 P_c Q_0 - 2\alpha^2\beta Ce_0 k - 2\alpha^2\beta Ce_0 P_c)$$
$$+2AP_c\mu^2 + 2A\alpha^2 e_0^2 P_c^3 + 4A\alpha^2 e_0^2 kP_c^2 + 2A\alpha^2 e_0^2 k^2 P_c + 4A\alpha^2 e_0^2 \varepsilon P_c^2$$
$$+2A\alpha^2 e_0^2 P_c\varepsilon^2 - 2\alpha^2\beta e_0 P_c C + 4A\alpha e_0 P_c^2 \mu + 4A\alpha^2 e_0^2 \varepsilon kP_c + 4A\alpha e_0 kP_c\mu$$
$$+4A\alpha e_0 P_c\varepsilon\mu]/2\{[\mu+\alpha e_0(P_c+k+\varepsilon)]^2 + 4\alpha\beta[r(\lambda-1)-1]\}$$
$$(10\text{—}30)$$

$$\pi_{R6}^* = \frac{\alpha\beta^2[1+r(1-\lambda)][\alpha C - Q_0 + \alpha e_0(P_c+k)]^2}{\{[\mu+\alpha e_0(P_c+k+\varepsilon)]^2 + 4\alpha\beta[r(\lambda-1)-1]\}^2} \quad (10\text{—}31)$$

推论 8：在产品补贴下的分散式决策中，当满足 $-\alpha[e_0\mu(P_c+k+\varepsilon)+\beta[r(\lambda-1)-1]]-\frac{1}{4}[\alpha e_0(P_c+k+\varepsilon)-\mu]^2>0$ 时，随着碳排放权价格的增加，单位碳减排量呈现上升趋势，领军企业利润随碳排放权价格的升高而增加。

证明：式(10—27)、式(10—30)对碳排放权价格 P_c 求一阶偏导，得到：$\frac{\partial\omega_6^*}{\partial P_c}>0$，$\frac{\partial\pi_{E6}^*}{\partial P_c}>0$。

可知，函数呈单调递增性质，即 P_c 越大，ω_6^*、π_{E6}^* 越大，说明碳排放权价格能促进领军企业进行低碳科技投资，推论 8 得证。

推论 9：在产品补贴下的分散式决策中，当满足 $-\alpha[e_0\mu(P_c+k+\varepsilon)+\beta[r(\lambda-1)-1]]-\frac{1}{4}[\alpha e_0(P_c+k+\varepsilon)-\mu]^2>0$ 时，随着碳税税率的增加，单位碳减排量呈现上升趋势，领军企业利润随着碳税税率的升高而降低。

证明：式(10—27)、式(10—30)对碳税税率 k 求一阶偏导，得到：$\frac{\partial\omega_6^*}{\partial k}>0$，$\frac{\partial\pi_{E6}^*}{\partial k}<0$。

可知，函数呈单调递减性质，即 k 越大，ω_6^* 越大，π_{E6}^* 越小，说明碳税能促进领军企业进行减少碳排放，但是由于征收碳税使得企业成本升高，因此，企业的利润会下降，推论 9 得证。

推论 10：在产品补贴下的分散式决策中，当满足 $-\alpha[e_0\mu(P_c+k+\varepsilon)+\beta[r$

$(\lambda-1)-1]]-\frac{1}{4}[\alpha e_0(P_c+k+\varepsilon)-\mu]^2>0$ 时,随着消费者低碳水平敏感系数的增加,单位碳减排量呈现上升趋势,领军企业利润随之增加。

证明:式(10—27)、式(10—30)对消费者的低碳水平敏感系数 μ 求一阶偏导,得到:$\frac{\partial \omega_6^*}{\partial \mu}>0, \frac{\partial \pi_{E6}^*}{\partial \mu}>0$。

可知,函数呈单调递增性质,即 μ 越大,ω_6^*、π_{E6}^* 越大,说明消费者的低碳水平敏感系数能促进领军企业进行低碳科技投资,推论 10 得证。

推论 11:在产品补贴下的分散式决策中,当满足 $-\alpha\{e_0\mu(P_c+k+\varepsilon)+\beta[r(\lambda-1)-1]\}-\frac{1}{4}[\alpha e_0(P_c+k+\varepsilon)-\mu]^2>0$ 时,随着低碳科技投资产品补贴系数的增加,单位碳减排水平呈现上升趋势,领军企业利润随产品补贴比例的升高而增加。

证明:式(10—27)、式(10—30)对产品补贴系数 ε 求一阶偏导,得到:$\frac{\partial \omega_6^*}{\partial \varepsilon}>0$,$\frac{\partial \pi_{E6}^*}{\partial \varepsilon}>0$。

可知,函数呈单调递增性质,即 ε 越大,ω_6^*、π_{E6}^* 越大,说明政府对低碳科技投资产品进行补贴能促进领军企业进行低碳科技投资,推论 11 得证。

10.4　数值算例与仿真

结合第 9 章的参数设置以及中国人民银行公布的五年期贷款市场报价利率,设置一般银行贷款利率为 4%,对各影响因素进行敏感性分析,结果如下。

10.4.1　碳排放权价格的影响

由图 10—4(a)可知,在无补贴、成本补贴以及产品补贴三种补贴模式下,碳减排率都随着碳排放权价格的增大而升高。在碳交易政策下,企业的收益分为两部分,一部分为碳配额销售收入。碳排放权价格越高,企业在碳交易市场上出售剩余碳配额获得的收益就越高,较高的碳交易收益可以弥补领军企业低碳科技投资成本以及贷款利息,所以,碳价越高,企业投资低碳科技的倾向性越强。另一部分为产品销售收入。受到消费者低碳偏好的影响,碳价越高,碳减排率越

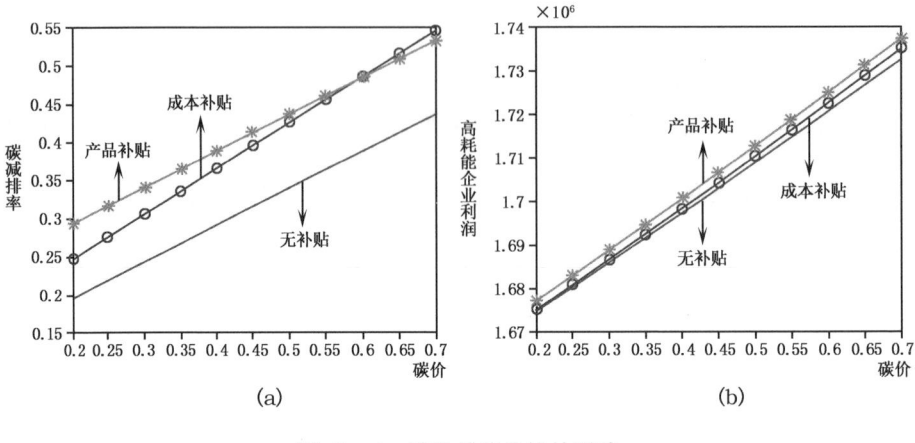

图 10—4 碳排放权价格的影响

高,消费者需求就越多,领军企业的产品销售收益越高,企业整体利润也越高。

由图 10—4 可知,无补贴、产品补贴与成本补贴下碳交易价格对碳减排率、领军企业利润有相同的影响趋势,产品补贴与成本补贴下碳减排率、领军企业利润均高于无补贴状态,说明采用补贴策略能有效地激励企业进行碳减排工作。当碳排放权价格低于某一阈值时,与成本补贴相比,对领军企业进行产品补贴时领军企业的碳减排率、利润均高于成本补贴。但是,随着碳排放权价格的升高,产品补贴对碳排放量的影响逐渐减小,与其他影响因素相比,在不同补贴策略下碳排放权价格对企业利润的影响较小。因此,应灵活制定补贴策略。

10.4.2 碳税税率的影响

由图 10—5(a)可知,一方面,在无补贴、成本补贴以及产品补贴三种补贴模式下,碳减排率都随着碳税税率的增大而升高。碳税税率越高,企业需要缴纳的碳税税额越高,给企业带来了较高的成本,因此,为减少成本支出,企业会积极进行碳减排工作,所以激励企业投资低碳科技可以使企业的碳减排率出现上升趋势。另一方面,由图 10—5(b)可以看出,领军企业利润呈现下降趋势,这是由于在碳税税率较高时,企业的碳减排率处于较高水平,需要付出的成本较多,领军企业由于销售产品而带来的收入增加低于投资低碳技术的成本与贷款利息之和,因而企业利润会呈现下降趋势。

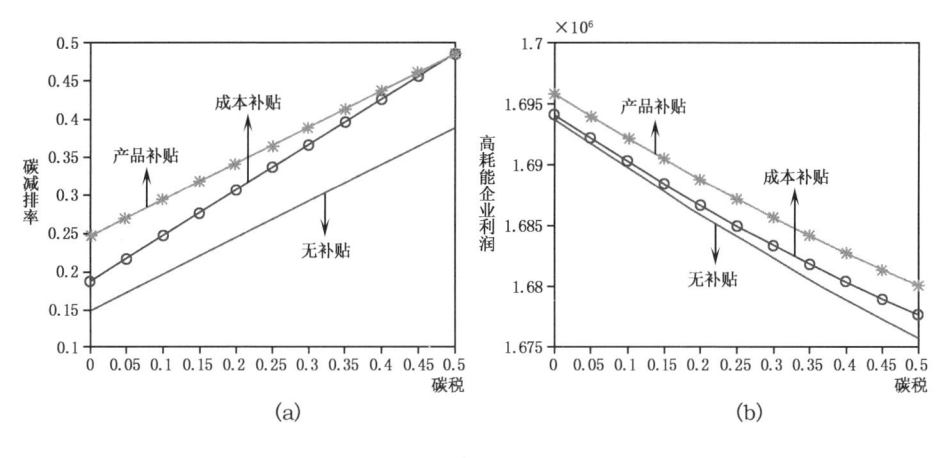

图 10—5　碳税税率的影响

由图 10—5 可知,无补贴、产品补贴与成本补贴下碳税税率对碳减排率、领军企业利润有相同的影响趋势,产品补贴与成本补贴下碳减排率、领军企业利润均高于无补贴状态,说明采用补贴策略能有效激励企业进行碳减排工作。与成本补贴相比,政府对领军企业进行产品补贴时领军企业的碳减排率、利润均高于成本补贴,随着碳税税率的升高,产品补贴对碳排放量的影响逐渐减少,因此,为实现环境与经济的双赢目标,政府应灵活制定碳税和补贴策略。

10.4.3　消费者低碳水平敏感系数的影响

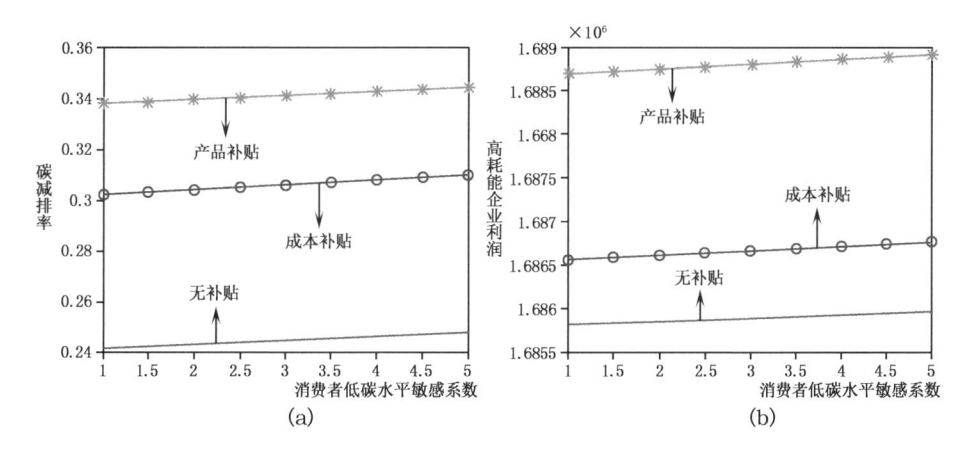

图 10—6　消费者低碳水平敏感系数的影响

由图10—6(a)可知,在无补贴、成本补贴以及产品补贴三种补贴模式下,碳减排率都随着消费者低碳水平敏感系数的增大而升高。消费者低碳水平敏感系数增高,对低碳产品的需求量就会增加。企业为了销售更多的产品、抢占更多的市场份额,会提高产品的碳减排率,因而领军企业和零售商由于产品销售带来的收益会增加。一旦企业产品出售增加的收益超过了企业投资低碳科技付出的成本和贷款利率之和,领军企业就会获得利润[见图10—6(b)]。且与其他影响因素相比,消费者低碳敏感系数的影响比较稳定。

由图10—6可知,无补贴、产品补贴与成本补贴下消费者低碳水平敏感系数对碳减排率、领军企业利润有相同的影响趋势,产品补贴与成本补贴下碳减排率、领军企业利润均高于无补贴状态,说明采用补贴策略能有效激励企业进行碳减排工作。与成本补贴相比,政府对领军企业进行产品补贴时领军企业的碳减排率、利润均高于成本补贴,使企业投资低碳科技的积极性更高。

10.4.4 减排贷款利率折扣的影响

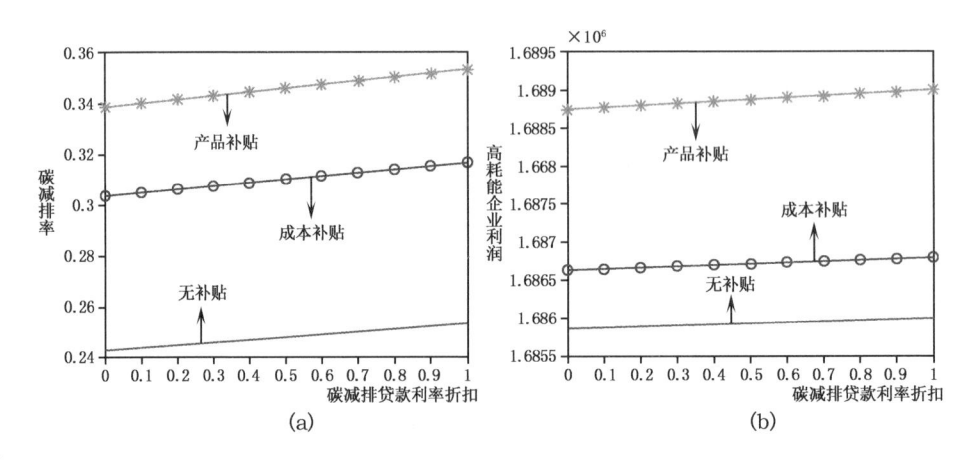

图10—7 减排贷款利率折扣的影响

由图10—7(a)可知,在无补贴、成本补贴以及产品补贴三种补贴模式下,碳减排率都随着贷款利率折扣的增大而升高。减排贷款利率折扣越高,说明商业银行给予企业的贷款优惠越大,领军企业所需向银行支付的贷款利息越少,企业进行低碳科技投资的总成本降低,因而企业愿意投资低碳科技。投资低碳科技后，企业碳减排量增多，相应的碳交易收入增多，同时，市场需求量增加，领军企业产品销售收入增加，企业产品出售增加的收益超过了企业投资低碳科技付出的成本和贷款利息之和，因此，领军企业利润呈现逐步升高的趋势[见图 10—7(b)]。

由图 10—7 可知，无补贴、产品补贴与成本补贴下减排贷款利率折扣对碳减排率、领军企业利润有相同的影响趋势。产品补贴与成本补贴下碳减排率、领军企业利润均高于无补贴状态，说明采用补贴策略能有效激励企业进行碳减排工作。与成本补贴相比，政府对领军企业进行产品补贴时领军企业的碳减排率、利润均高于成本补贴，且一直处于领先优势。

10.4.5 成本补贴比例的影响

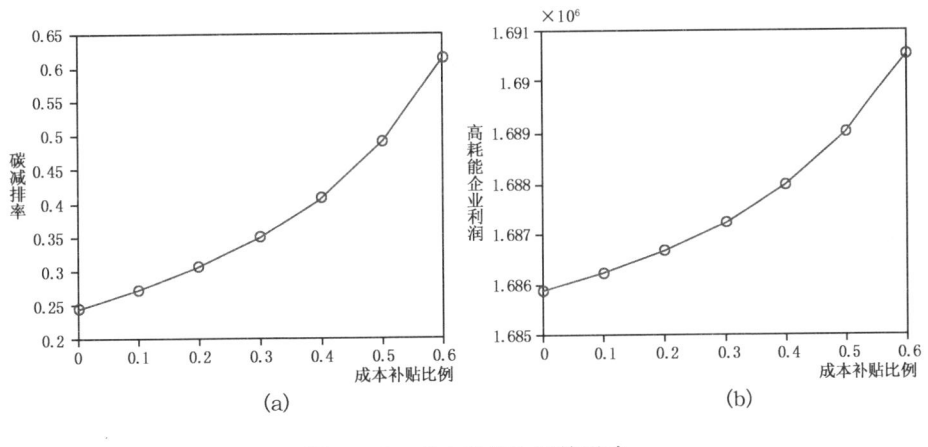

图 10—8 成本补贴比例的影响

由图 10—8(a)可知，碳减排率随着成本补贴比例的增大而升高，成本补贴比例越高，企业投资低碳科技付出的成本越少，贷款额减少，支付给银行的利息越少，企业进行低碳投资活动的总成本降低，企业投资低碳科技的意愿也会更强。而且，投资使用低碳科技以后，产品的碳减排量显著降低，消费者对产品存在低碳偏好，使得产品的市场需求量增加。与普通产品相比，生产低碳产品的所需成本较高，因此领军企业会提高产品的批发价格，因而领军企业利润随成本补贴比例的提高而增加，收益的增加进一步增强了企业投资低碳科技的积极性。

10.4.6 产品补贴系数的影响

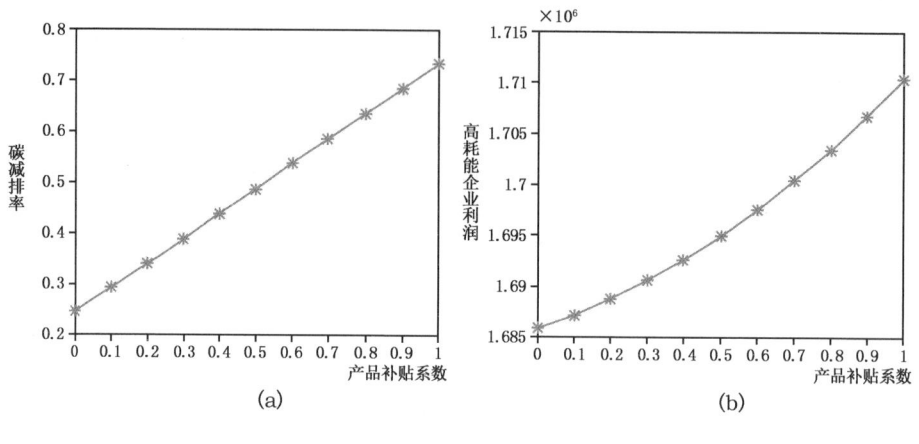

图 10—9 产品补贴系数的影响

由图 10—9(a)可知,碳减排率随着产品补贴系数的增大而升高,政府对产品碳减排量进行补贴弥补了企业投资低碳科技的部分成本,企业投资低碳科技的成本由此降低。而且,企业在投资使用低碳科技后,投入的低碳科技水平越高,碳减排量越大,产品的市场需求量越大,企业的销售收益越高。对领军企业来说,政府对产品进行补贴后,投资低碳科技会获得更高的销售收入,而与无补贴情形相比,需要付出的成本较少,企业进行低碳科技投资的积极性因此会进一步增强。

10.4.7 不同补贴策略对比分析

图 10—10 描绘了银行融资下成本补贴比例与产品补贴比例相同时的碳减排率与领军企业利润的变化趋势。由图 10—10(a)可知,当补贴比例较小时,相同补贴比例下,采取产品补贴时领军企业的碳减排水平更高,但是随着补贴比例的提升,产品补贴的敏感性逐渐减小,当补贴比例超过 0.5 时,采用成本补贴碳减排量更大。由图 10—10(b)可知,在相同的补贴比例下,采用产品补贴时领军企业的利润更大,且随着补贴比例的增加,采用产品补贴时领军企业的利润增长更快,优势更为明显。因此,在资金充足时采用产品补贴激励效果更优。

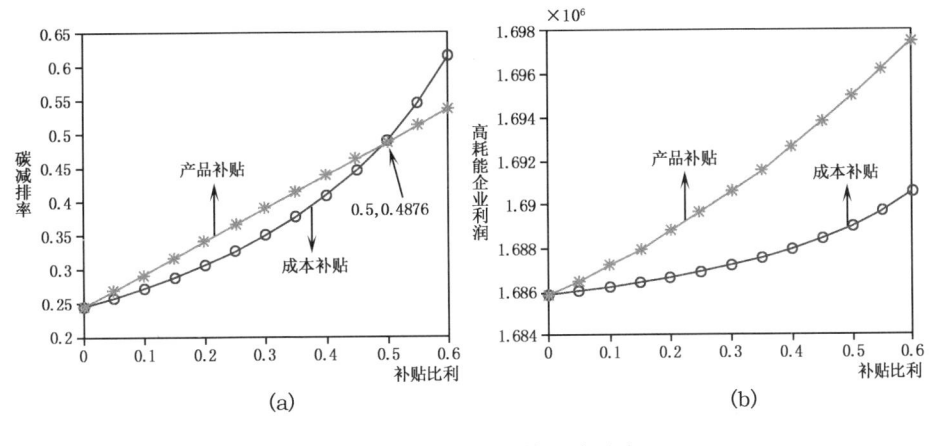

图 10—10　不同补贴策略的影响

10.5　本章小结

本章以领军企业与零售商组成的供应链为研究对象,分析领军企业银行融资时,无补贴、成本补贴与产品补贴下的低碳科技投资策略,并通过数值仿真分析各影响因素对碳减排率、领军企业利润与零售商利润的影响。本章的主要研究结论如下:(1)碳排放权价格与碳减排率、领军企业利润呈现正相关关系。(2)碳税税率与碳减排率呈正相关关系,与领军企业利润呈负相关关系。(3)消费者低碳水平敏感系数、减排贷款利率折扣、成本补贴比例、产品补贴系数均与碳减排率、领军企业利润呈正相关关系。(4)与无补贴相比,成本补贴与产品补贴能有效提高碳减排率以及企业的利润,且产品补贴的效果优于成本补贴的效果。

第 11 章 内部融资条件下低碳科技创新联合体投资策略研究

本章分析在政府低碳政策引导下产业链中以科技领军企业为主导组建创新联合体的低碳科技投资研发问题。现有融资模式主要有外部融资与内部融资两大类,前面章节研究了领军企业外部融资下的投资优化策略,本章则重点关注企业进行内部融资时的投资决策问题。内部融资主要是通过向资金充足的零售商提供贷款,并按照一定利率给予零售商利息的融资模式。本章以领军企业与零售商组成的供应链为研究对象,构建了领军企业进行内部融资时无补贴、产品补贴与成本补贴下的低碳科技投资决策模型,研究领军企业的最优投资策略。

11.1 背景描述与基本假设

除可以通过商业银行贷款等外部融资方式募集资金外,企业还可以通过向供应链上下游资金充足企业借款的方式募集资金。由于借出资金可以获得一定的利息收入,因此,供应链上下游资金充足的企业往往愿意向资金受约束的企业提供资金,这样不仅可以获得额外的利息,同时,由于企业投资低碳科技进行碳减排,位于供应链下游零售商的利润也会增加,因此对零售商来说,借出资金投资低碳科技是有益的。在本章构建的由上游领军企业和下游零售商构成的供应链中,领军企业作为低碳科技投资执行方占据主导地位。领军企业拥有的自有资金只能满足企业正常的生产和运营活动,但没有剩余的资金用于投资低碳科技,下游零售商企业资金充足,零售商以利率 i 向领军企业提供低碳科技投资资金,下面分析领军企业与下游零售商均处于独立经营与独立决策状态下的低碳科技投资策略。

假设1:投资低碳科技对生产效率无影响,此项投资是不可逆的,领军企业风险态度为中性偏好。

假设2:假设政府发放给领军企业的碳配额为 A,企业投资低碳科技后将多余的碳排放权放在碳市场上出售,碳排放权价格为 P_c。

假设3:设投资低碳科技前单位产品碳排放量为 e_0,投资低碳科技后单位产品碳排放量为 e,低碳技术减排率 $\omega = \dfrac{e_0 - e}{e_0}$。

假设4:通过骆瑞玲(2014)等人的研究可知,领军企业碳减排科技成本与碳减排量相关,且两者为正相关关系,假设低碳科技一次性投资成本为 $I = \dfrac{1}{2}\beta\omega^2$,其中,$\beta$ 为领军企业采纳低碳技术的成本系数,代表低碳技术的费用水平。

假设5:领军企业需要缴纳一定的碳税,按企业一年内产生碳排放总量计算所需的缴纳税额,企业投资低碳科技后所需缴纳的碳税税额为 $F = k(1-\omega)e_0 Q$,k 为碳税税率。

假设6:假设市场需求函数为:

$$Q = Q_0 - \alpha P_r + \mu\omega \tag{11-1}$$

其中,Q_0 表示潜在的市场需求,满足 $Q_0 - \alpha P > 0$;α 表示消费者价格弹性系数;μ 表示消费者对低碳产品单位减排量的敏感系数,产品的碳减排水平越高,产品的需求量越高。

假设7:领军企业自有资金不足,下游零售商资金充足,通过向零售商借款的方式募集资金,借款利率为 i。

11.2　参数设置

具体的参数设置如表11—1所示。

表 11—1　　　　　　　　　　参数设置及含义说明

参数	含义	参数	含义
P_E	领军企业产品批发价格	θ	成本补贴比例
P_r	零售商零售价格	ε	产品补贴系数
P_c	碳交易价格	C	单位产品生产成本
e_0	低碳科技投资前单位产品碳排放量	k	碳税税率
e	低碳科技投资后单位产品碳排放量	A	领军企业碳排放配额
ω	领军企业低碳科技投资后碳减排水平	Q_0	潜在的市场需求
β	领军企业投资低碳科技成本系数	π_{Ei}	领军企业利润
α	低碳产品需求的零售价格弹性系数	π_{Ri}	零售商利润
μ	消费者低碳水平敏感系数	i	借款利率

$i=1,2,3,\cdots,9$ 表示领军企业自有资金充足以及资金约束情况下无政府补贴、成本补贴与产品补贴的九种情况。

11.3　模型构建与求解

11.3.1　无碳减排补贴的投资策略模型构建与求解（情景 7）

情景 7 的研究模型见图 11—1。

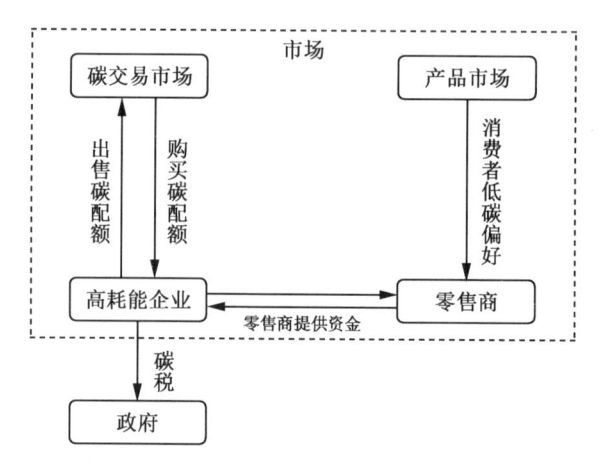

图 11—1　情景 7 研究模型图

为了对比分析政府补贴及供应链上下游企业的投资效果,首先给出无政府补贴情况下的模型及结果。作为政府补贴政策效果对比的下限,政府提供补贴后双方的利润应比无补贴模式下高。

构建无碳减排补贴的投资策略模型须先确定碳减排水平和产品批发价格;再由零售商根据领军企业的决策确定产品的销售价格。从市场需求函数来看,领军企业的决策也会影响消费者的需求量,从而影响零售商的利润。领军企业、零售商的投资优化模型分别为:

$$\max \pi_{E7} = (P_E - C)(Q_0 - \alpha P_r + \mu\omega) + [A - (1-\omega)e_0(Q_0 - \alpha P_r + \mu\omega)]P_c$$
$$- k(1-\omega)e_0(Q_0 - \alpha P_r + \mu\omega) - \frac{1}{2}(1+i)\beta\omega^2$$
(11—2)

$$\max \pi_{R7} = (P_r - P_E)(Q_0 - \alpha P_r + \mu\omega) + \frac{1}{2}i\beta\omega^2 \qquad (11—3)$$

与11.3.1节求解思路一致,针对上述领军企业和零售商投资优化模型,采用逆向归纳法求解。

对式(11—3)中的零售商零售价格 P_r 求一阶偏导,其一阶导数为 $\frac{\partial \pi_{R7}}{\partial P_r} = Q_0 - \alpha P_r + \mu\omega + \alpha P_E$,二阶导数为 $\frac{\partial^2 \pi_{R7}}{\partial P_r^2} = -2\alpha < 0$,则存在最优零售价格使零售商利润达到最大。令一阶导数为0,得到最优零售价格为:

$$P_{r7}^* = \frac{Q_0 + \mu\omega + \alpha P_E}{2\alpha} \qquad (11—4)$$

将式(11—4)代入领军企业利润模型,得到

$$\pi_{E7} = \frac{1}{2}[P_E - C - k(1-\omega)e_0](Q_0 - \alpha P_E + \mu\omega)$$
$$+ \left[A - \frac{1}{2}(1-\omega)e_0(Q_0 - \alpha P_E + \mu\omega)\right]P_c - \frac{1}{2}(1+i)\beta\omega^2$$
(11—5)

对式(11—5)中的 P_E 和 ω 求二阶偏导数,得到海塞矩阵:

$$H = \begin{vmatrix} -\alpha & \frac{1}{2}[\mu - \alpha e_0(P_c + k)] \\ \frac{1}{2}[\mu - \alpha e_0(P_c + k)] & e_0\mu(P_c + k) - \beta(1+i) \end{vmatrix}$$

根据判定原则,当$|H|=-\alpha[e_0\mu(P_c+k)-\beta(1+i)]-\frac{1}{4}[\mu-e_0\alpha(P_c+k)]^2$
>0时,存在最优批发价格和碳减排率使得领军企业利润达到最大值,对式(11—5)中的P_E和ω求导并令其为0,得到最优批发价格与最优碳减排率:

$$P_{E7}^* = [\alpha e_0^2(P_c+k)^2(Q_0+\mu) + C\mu^2 - e_0(P_c+k)(\mu^2+Q_0\mu+\alpha C\mu)$$
$$-(1+i)[2\beta Q_0 + 2\alpha\beta + 2\alpha\beta e_0(P_c+k)]]$$
$$/\{[\mu+\alpha e_0(P_c+k)]^2 - 4\alpha\beta(1+i)\}$$

(11—6)

$$\omega_7^* = \frac{[\mu+\alpha e_0(P_c+k)][\alpha C-Q_0+\alpha e_0(P_c+k)]}{[\mu+\alpha e_0(P_c+k)]^2-4\alpha\beta(1+i)} \quad (11—7)$$

将式(11—6)与式(11—7)代入式(11—4),得到最优零售价格为:

$$P_{r7}^* = [\alpha e_0^2(P_c+k)^2(Q_0+\mu) + C\mu^2 - (1+i)[3\beta Q_0+\alpha\beta C+\alpha\beta e_0(P_c+k)]$$
$$+ e_0(P_c+k)(\mu^2+Q_0\mu+\alpha C\mu)]/\{[\mu+\alpha e_0(P_c+k)]^2-4\alpha\beta(1+i)\}$$

(11—8)

将式(11—7)与式(11—8)代入式(11—1),得到市场需求量为:

$$Q_7^* = \frac{\alpha\beta(1+i)[\alpha C-Q_0+\alpha e_0(P_c+k)]}{[\mu+\alpha e_0(P_c+k)]^2-4\alpha\beta(1+i)} \quad (11—9)$$

由此,得到领军企业与下游零售商的利润模型:

$$\pi_{E7}^* = -[(1+i)[\beta Q_0^2+\beta\alpha^2 C^2+\alpha^2\beta e_0^2 k^2+\alpha^2\beta e_0^2 a^2 P_c^2-2\alpha\beta CQ_0+8A\alpha\beta P_c]$$
$$-2AP_c\mu^2-2A\alpha^2 e_0^2 P_c^3+2\alpha^2\beta e_0^2 k^2 P_c-2\alpha\beta e_0 kQ_0-2\alpha\beta e_0 P_c Q_0$$
$$-4A\alpha^2 e_0^2 kP_c^2-2A\alpha^2 e_0^2 k^2 P_c+2\alpha^2\beta Ce_0 k+2\alpha^2\beta Ce_0 P_c-4A\alpha e_0 P_c^2\mu]/$$
$$2\{[\mu+\alpha e_0(P_c+k)]^2-4\alpha\beta(1+i)\}$$

(11—10)

$$\pi_{R7}^* = [\beta[\alpha C-Q_0+\alpha e_0(P_c+k)]^2[i\alpha^2 e_0^2(P_c+k)^2+2\alpha\beta(1+i)^2$$
$$+2\alpha+2\alpha e_0 k\mu i+2\alpha e_0 P_c\mu i+i\mu^2]/2\{[\mu+\alpha e_0(P_c+k)]^2-4\alpha\beta(1+i)\}^2$$

(11—11)

推论1:在无碳减排补贴的分散式决策中,当满足$-\alpha[e_0\mu(P_c+k)-\beta(1+i)]$
$-\frac{1}{4}[\mu-e_0\alpha(P_c+k)]^2>0$时,随着碳排放权价格的增加,单位碳减排量呈现上升趋势,领军企业利润随碳排放权价格的升高而增加。

证明：式(11—7)、式(11—10)对碳排放权价格 P_c 求一阶偏导，得到：$\frac{\partial \omega_7^*}{\partial P_c} > 0$，$\frac{\partial \pi_{E7}^*}{\partial P_c} > 0$。

可知，函数呈单调递增性质，即 P_c 越大，ω_7^*、π_{E7}^* 越大，说明碳排放权价格能促进领军企业进行低碳科技投资，推论 1 得证。

推论 2：在无碳减排补贴的分散式决策中，当满足 $-\alpha[e_0\mu(P_c+k)-\beta(1+i)] - \frac{1}{4}[\mu-e_0\alpha(P_c+k)]^2 > 0$ 时，随着碳税税率的增加，单位碳减排量呈现上升趋势，领军企业利润随着碳税税率的升高而降低。

证明：式(11—7)、式(11—10)对碳税税率 k 求一阶偏导，得到：$\frac{\partial \omega_7^*}{\partial k} > 0$，$\frac{\partial \pi_{E7}^*}{\partial k} < 0$。

可知，函数呈单调递减性质，即 k 越大，ω_7^* 越大，π_{E7}^* 越小，说明碳税能促进领军企业进行减少碳排放，但是由于征收碳税使得企业成本升高，因此，企业的利润会下降，从而推论 2 得证。

推论 3：在无碳减排补贴的分散式决策中，当满足 $-\alpha[e_0\mu(P_c+k)-\beta(1+i)] - \frac{1}{4}[\mu-e_0\alpha(P_c+k)]^2 > 0$ 时，随着消费者低碳水平敏感系数的增加，单位碳减排量呈现上升趋势，领军企业利润随之增加。

证明：式(11—7)、式(11—10)对消费者的低碳水平敏感系数 μ 求一阶偏导，得到：$\frac{\partial \omega_7^*}{\partial \mu} > 0$，$\frac{\partial \pi_{E7}^*}{\partial \mu} > 0$。

可知，函数呈单调递增性质，即 μ 越大，ω_7^*、π_{E7}^* 越大，说明消费者的低碳水平敏感系数能促进领军企业进行低碳科技投资，推论 3 得证。

推论 4：在无碳减排补贴的分散式决策中，当满足 $-\alpha[e_0\mu(P_c+k)-\beta(1+i)] - \frac{1}{4}[\mu-e_0\alpha(P_c+k)]^2 > 0$ 时，随着还款利率的增加，单位碳减排量呈现下降趋势，领军企业利润随着还款利率的升高而降低。

证明：式(11—7)、式(11—10)对还款利率 i 求一阶偏导，得到：$\frac{\partial \omega_7^*}{\partial i} < 0$，

$\frac{\partial \pi_{E7}^*}{\partial i}<0$。

可知，函数呈单调递减性质，即 i 越大，ω_7^*、π_{E7}^* 越小，说明还款利率升高使得企业投资成本增加，不利于企业投资低碳科技，从而推论 4 得证。

11.3.2 成本补贴下的投资策略模型构建与求解（情景 8）

情景 8 的研究模型见图 11—2。

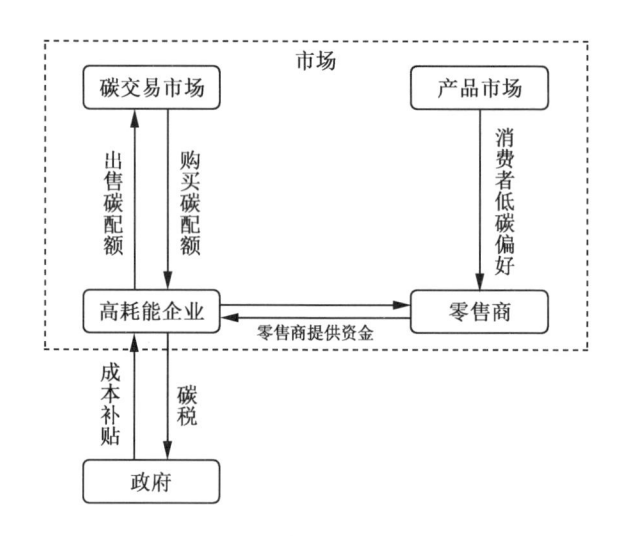

图 11—2 情景 8 研究模型图

在 10.3.2 节的基础上，本节给出内部融资下考虑政府成本补贴的领军企业低碳科技投资时的分散决策模型，与本书其他模型结果进行对比，借鉴曹细玉等人的研究，设成本补贴比例为 $\theta(0<\theta<1)$，补贴额度为 $\frac{1}{2}\theta\beta\omega^2$。

构建成本补贴下的投资策略模型须先确定碳减排水平和产品批发价格，再由零售商根据领军企业的决策确定产品的销售价格。从市场需求函数来看，领军企业的决策也会影响消费者的需求量，从而影响零售商的利润。领军企业、零售商的投资优化模型分别为：

$$\max \pi_{E8} = (P_E - C)(Q_0 - \alpha P_r + \mu\omega) + [A - (1-\omega)e_0(Q_0 - \alpha P_r + \mu\omega)]P_c$$
$$- k(1-\omega)e_0(Q_0 - \alpha P_r + \mu\omega) - \frac{1}{2}(1-\theta)(1+i)\beta\omega^2$$

(11—12)

$$\max \pi_{R8} = (P_r - P_E)(Q_0 - \alpha P_r + \mu\omega) + \frac{1}{2}(1-\theta)i\beta\omega^2 \quad (11\text{—}13)$$

与10.3.1节求解思路一致,针对上述领军企业和零售商投资优化模型,采用逆向归纳法求解。

对式(11—13)中的零售商零售价格 P_r 求一阶偏导,其一阶导数为 $\frac{\partial \pi_{R8}}{\partial P_r} = Q_0 - \alpha P_r + \mu\omega + \alpha P_E$,二阶导数为 $\frac{\partial^2 \pi_{R8}}{\partial P_r^2} = -2\alpha < 0$,则存在最优零售价格使零售商利润达到最大。令一阶导数为0,得到最优零售价格:

$$P_{r8}^* = \frac{Q_0 + \mu\omega + \alpha P_E}{2\alpha} \quad (11\text{—}14)$$

将式(11—14)代入领军企业利润模型,得到:

$$\pi_{E8} = \frac{1}{2}[P_E - C - k(1-\omega)e_0](Q_0 - \alpha P_E + \mu\omega)$$
$$+ \left[A - \frac{1}{2}(1-\omega)e_0(Q_0 - \alpha P_E + \mu\omega)\right]P_c \quad (11\text{—}15)$$
$$- \frac{1}{2}(1-\theta)(1+i)\beta\omega^2$$

对式(11—15)中的 P_E 和 ω 求二阶偏导数,得到海塞矩阵:

$$H = \begin{vmatrix} -\alpha & \frac{1}{2}[\mu - \alpha e_0(P_c + k)] \\ \frac{1}{2}[\mu - \alpha e_0(P_c + k)] & e_0\mu(P_c + k) - (1-\theta)(1+i)\beta \end{vmatrix}$$

根据判定原则,当 $|H| = -\alpha[e_0\mu(P_c + k) - (1-\theta)(1+i)\beta] - \frac{1}{4}[\mu - \alpha e_0(P_c + k)]^2 > 0$ 时,存在最优批发价格和碳减排率使得领军企业利润达到最大值,对式(11—15)中的 P_E 和 ω 求导并令其为0,得到最优批发价格与最优碳减排率为:

$$P_{E8}^* = [\alpha e_0^2 (P_c+k)^2 (Q_0+\mu) + C\mu^2 + e_0(P_c+k)(\mu^2 + Q_0\mu + \alpha C\mu)$$
$$- (1+i-\theta-\theta i)[2\beta Q_0 + 2\alpha\beta C + 2\alpha\beta e_0(P_c+k)]] /$$
$$\{[\mu+\alpha e_0(P_c+k)]^2 + 4\alpha\beta(1+i-\theta-\theta i)\}$$

(11—16)

$$\omega_8^* \frac{[\mu+\alpha e_0(P_c+k)][\alpha C - Q_0 + \alpha e_0(P_c+k)]}{[\mu+\alpha e_0(P_c+k)]^2 + 4\alpha\beta(1+i-\theta-\theta i)} \quad (11—17)$$

将式(11—16)与式(11—17)代入式(11—14)，得到最优零售价格为：

$$P_{r8}^* = [\alpha e_0^2(P_c+k)^2(Q_0+\mu) + C\mu^2 + e_0(P_c+k)(\mu^2 + Q_0\mu + \alpha C\mu)$$
$$- (1+i-\theta-\theta i)[3\beta Q_0 + \alpha\beta C + \alpha\beta e_0(P_c+k)]] /$$
$$\{[\mu+\alpha e_0(P_c+k)]^2 + 4\alpha\beta(1+i-\theta-\theta i)\}$$

(11—18)

将式(11—17)与式(11—18)代入式(11—1)，得到市场需求量为：

$$Q_8^* = \frac{\alpha\beta(1-\theta)(1+i)[\alpha C - Q_0 + \alpha e_0(P_c+k)]}{[\mu+\alpha e_0(P_c+k)]^2 + 4\alpha\beta(1+i-\theta-\theta i)} \quad (11—19)$$

由此，得到领军企业与下游零售商的利润模型：

$$\pi_{E8}^* = [(1+i-\theta-\theta i)(2\alpha\beta CQ_0 - \beta Q_0^2 - \alpha^2\beta C^2 - \alpha^2\beta e_0^2 k^2 - \alpha^2\beta e_0^2 P_c^2$$
$$- 8A\alpha\beta P_c - 2\alpha^2\beta e_0^2 k P_c + 2\alpha\beta e_0 k Q_0 + 2\alpha\beta e_0 P_c Q_0 - 2\alpha^2\beta Ce_0 k - 2\alpha^2\beta Ce_0 P_c)$$
$$+ 2AP_c\mu^2 + 2A\alpha^2 e_0^2 P_c^3 + 4A\alpha^2 e_0^2 k P_c^2 + 2A\alpha^2 e_0^2 k^2 P_c + 4A\alpha e_0 P_c^2 \mu$$
$$+ 4A\alpha e_0 k P_c\mu]/2\{[\mu+\alpha e_0(P_c+k)]^2 + 4\alpha\beta(1+i-\theta-\theta i)\}$$

(11—20)

$$\pi_{R8}^* = -\frac{i\alpha^2 e_0^2(P_c+k)^2 + 2\alpha e_0 i\mu(P_c+k) + \mu i + 2\alpha\beta(1+i^2+\theta-i-2\theta i)}{2\{[\mu+\alpha e_0(P_c+k)]^2 - 4\alpha\beta(1+i)\}^2}$$

(11—21)

推论5：在成本补贴下的分散式决策中，当满足 $-\alpha[e_0\mu(P_c+k)-(1-\theta)(1+i)\beta]$ $-\frac{1}{4}[\mu-\alpha e_0(P_c+k)]^2 > 0$ 时，随着碳排放权价格的增加，单位碳减排率呈现上升趋势，领军企业利润随碳排放权价格的升高而增加。

证明：式(11—17)、式(11—20)对碳排放权价格 P_c 求一阶偏导，得到：$\frac{\partial \omega_8^*}{\partial P_c} > 0$，

$\frac{\partial \pi_{E8}^*}{\partial P_c} > 0$。

可知,函数呈单调递增性质,即 P_c 越大,ω_8^*、π_{R8}^* 越大,说明碳排放权价格能促进领军企业进行低碳科技投资,推论 5 得证。

推论 6:在成本补贴下的分散式决策中,当满足 $-\alpha[e_0\mu(P_c+k)-(1-\theta)(1+i)\beta]-\frac{1}{4}[\mu-\alpha e_0(P_c+k)]^2>0$ 时,随着碳税税率的增加,单位碳减排率呈现上升趋势,领军企业利润随着碳税税率的升高而降低。

证明:式(11—17)、式(11—20)对碳税税率 k 求一阶偏导,得到:$\frac{\partial \omega_8^*}{\partial k}>0$,$\frac{\partial \pi_{E8}^*}{\partial k}<0$。

可知,函数呈单调递减性质,即 k 越大,ω_8^* 越大,π_{E8}^* 越小,说明碳税能促进领军企业进行减少碳排放,但是由于征收碳税使得企业成本升高,因此,企业的利润会下降,推论 6 得证。

推论 7:在成本补贴下的分散式决策中,当满足 $-\alpha[e_0\mu(P_c+k)-(1-\theta)(1+i)\beta]-\frac{1}{4}[\mu-\alpha e_0(P_c+k)]^2>0$ 时,单位碳减排率呈现上升趋势,领军企业利润随之增加。

证明:式(11—17)、式(11—20)对消费者的低碳水平敏感系数 μ 求一阶偏导,得到:$\frac{\partial \omega_8^*}{\partial \mu}>0$,$\frac{\partial \pi_{E8}^*}{\partial \mu}>0$。

可知,函数呈单调递增性质,即 μ 越大,ω_8^*、π_{E8}^* 越大,说明消费者的低碳水平敏感系数能促进领军企业进行低碳科技投资,从而推论 7 得证。

推论 8:在成本补贴下的分散式决策中,当满足 $-\alpha[e_0\mu(P_c+k)-(1-\theta)(1+i)\beta]-\frac{1}{4}[\mu-\alpha e_0(P_c+k)]^2>0$ 时,随着还款利率的增加,单位碳减排量呈现下降趋势,领军企业利润随着还款利率的升高而降低。

证明:式(11—17)、式(11—20)对还款利率 i 求一阶偏导,得到:$\frac{\partial \omega_8^*}{\partial i}<0$,$\frac{\partial \pi_{E8}^*}{\partial i}<0$。

可知,函数呈单调递减性质,即 i 越大,ω_8^*、π_{E8}^* 越小,说明还款利率升高使得企业投资成本增加,不利于企业投资低碳科技,推论 8 得证。

推论 9:在成本补贴下的分散式决策中,当满足 $-\alpha[e_0\mu(P_c+k)-(1-\theta)(1+i)\beta]-\frac{1}{4}[\mu-\alpha e_0(P_c+k)]^2>0$ 时,随着低碳科技投资成本补贴系数的增加,单位碳减排水平呈现上升趋势,领军企业利润随之上升。

证明:式(11—17)、式(11—20)对成本补贴系数 θ 求一阶偏导,得到:$\frac{\partial \omega_8^*}{\partial \theta}>0$,$\frac{\partial \pi_{E8}^*}{\partial \theta}>0$。

可知,函数呈单调递增性质,即 θ 越大,ω_8^*、π_{E8}^* 越大,说明政府对低碳科技投资成本进行补贴能促进领军企业进行低碳科技投资,推论 9 得证。

11.3.3 产品补贴下的投资策略模型构建与求解(情景 9)

情景 9 的研究模型见图 11—3。

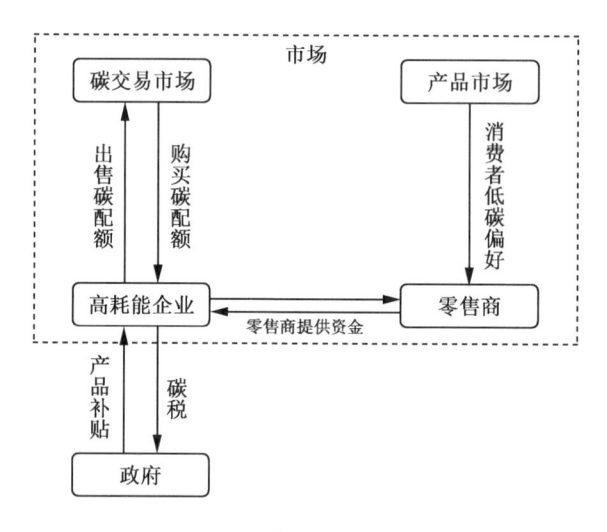

图 11—3 情景 9 研究模型图

在 11.3.3 节的基础上,本节构建了内部融资下考虑政府产品补贴的领军企业低碳科技投资时的分散决策模型,与本书其他模型结果进行对比,设产品补贴比例为 $\varepsilon(\varepsilon>0)$,补贴额度为 $\varepsilon\omega e_0 Q$。

构建产品补贴下的投资策略模型须先确定碳减排水平和产品批发价格；再由零售商根据领军企业的决策确定产品的销售价格，同时，由市场需求函数来看，领军企业的决策也会影响消费者的需求量，从而影响零售商的利润。领军企业、零售商的投资优化模型分别为：

$$\max \pi_{E9} = (P_E - C + \varepsilon\omega e_0)(Q_0 - \alpha P_r + \mu\omega) + [A - (1-\omega)e_0(Q_0 - \alpha P_r + \mu\omega)]P_c$$
$$- k(1-\omega)e_0(Q_0 - \alpha P_r + \mu\omega) - \frac{1}{2}(1+i)\beta\omega^2$$

(11—22)

$$\max \pi_{R9} = (P_r - P_E)(Q_0 - \alpha P_r + \mu\omega) + \frac{1}{2}i\beta\omega^2 \quad (11—23)$$

与 11.3.1 节求解思路一致，针对上述领军企业和零售商投资优化模型，采用逆向归纳法求解。

对式(11—23)中的零售商零售价格 P_r 求一阶偏导，其一阶导数为 $\frac{\partial \pi_{R9}}{\partial P_r} = Q_0 - \alpha P_r + \mu\omega + \alpha P_E$，二阶导数为 $\frac{\partial^2 \pi_{R9}}{\partial P_r^2} = -2\alpha < 0$，则存在最优零售价格使零售商利润达到最大。令一阶导数为 0，得到最优零售价格为：

$$P_{r9}^* = \frac{Q_0 + \mu\omega + \alpha P_E}{2\alpha} \quad (11—24)$$

将式(11—24)代入领军企业利润模型，得到：

$$\pi_{E9} = \frac{1}{2}[P_E - C + \varepsilon\omega e_0 - k(1-\omega)e_0](Q_0 - \alpha P_E + \mu\omega)$$
$$+ \left[A - \frac{1}{2}(1-\omega)e_0(Q_0 - \alpha P_E + \mu\omega)\right]P_c - \frac{1}{2}(1+i)\beta\omega^2$$

(11—25)

对式(11—25)中的 P_E 和 ω 求二阶偏导数，得到海塞矩阵：

$$H = \begin{vmatrix} -\alpha & \frac{1}{2}[\mu - \alpha e_0(P_c + k + \varepsilon)] \\ \frac{1}{2}[\mu - \alpha e_0(P_c + k + \varepsilon)] & e_0\mu(P_c + k + \varepsilon) - \beta(1+i) \end{vmatrix}$$

根据判定原则，当 $|H| = -\alpha[e_0\mu(P_c + k + \varepsilon) - \beta(1+i)] - \frac{1}{4}[\mu - \alpha e_0(P_c$

$+k+\varepsilon)]^2>0$ 时,存在最优批发价格和碳减排率使得领军企业利润达到最大值,对式(11—25)中的 P_E 和 ω 求导并令其为 0,得到最优批发价格与最优碳减排率:

$$P_{E9}^* = \{\alpha e_0^2(P_c+k)^2(Q_0+\mu)+C\mu^2+e_0(P_c+k)(\mu^2+Q_0\mu+\alpha C\mu)$$
$$-(1+i)[2\beta Q_0+2\alpha\beta C+2\alpha\beta e_0(P_c+k)]+e_0\varepsilon Q_0\mu+\alpha C e_0\varepsilon\mu$$
$$\alpha e_0^2\varepsilon[\varepsilon Q_0+(P_c+k)(2Q_0+\mu)]\}/\{[\mu+\alpha e_0(P_c+k+\varepsilon)]^2$$
$$-4\alpha\beta(1+i)\}$$

(11—26)

$$\omega_9^* = \frac{[\mu+\alpha e_0(P_c+k+\varepsilon)][\alpha C-Q_0+\alpha e_0(P_c+k)]}{[\mu+\alpha e_0(P_c+k+\varepsilon)]^2-4\alpha\beta(1+i)} \quad (11—27)$$

将式(11—26)与式(11—27)代入式(11—24),得到最优零售价格为:

$$P_{r9}^* = \{\alpha e_0^2(P_c+k)^2(Q_0+\mu)+C\mu^2+e_0(P_c+k)(\mu^2+Q_0\mu+\alpha C\mu)$$
$$-(1+i)[3\beta Q_0+\alpha\beta C+\alpha\beta e_0(P_c+k)]+e_0\varepsilon Q_0\mu+\alpha C e_0\varepsilon\mu$$
$$\alpha e_0^2\varepsilon[\varepsilon Q_0+(P_c+k)(2Q_0+\mu)]\}/\{[\mu+\alpha e_0(P_c+k+\varepsilon)]^2$$
$$-4\alpha\beta(1+i)\}$$

(11—28)

将式(11—27)与式(11—28)代入式(11—1),得到市场需求量为:

$$Q_9^* = \frac{\alpha\beta(1+i)[\alpha C-Q_0+\alpha e_0(P_c+k)]}{[\mu+\alpha e_0(P_c+k+\varepsilon)]^2-4\alpha\beta(1+i)} \quad (11—29)$$

由此,得到领军企业与下游零售商的利润模型:

$$\pi_{E9}^* = -[(1+i)(\beta Q_0^2+\alpha^2\beta C^2+\alpha^2\beta e_0^2 k^2+\alpha^2\beta e_0^2 P_c^2-2\alpha\beta CQ_0+8A\alpha\beta P_c)$$
$$+2\alpha^2\beta e_0^2 kP_c-2\alpha\beta e_0 kQ_0-2\alpha\beta e_0 P_c Q_0+2\alpha^2\beta Ce_0 k+2\alpha^2\beta Ce_0 P_c)$$
$$-2AP_c\mu^2-2A\alpha^2 e_0^2 P_c^3-4A\alpha^2 e_0^2 kP_c^2-2A\alpha^2 e_0^2 k^2 P_c-4A\alpha^2 e_0^2 P_c^2\varepsilon$$
$$-2A\alpha^2 e_0^2 P_c\varepsilon^2-4A\alpha e_0 P_c^2\mu-4A\alpha^2 e_0^2 kP_c\varepsilon-4A\alpha e_0 kP_c\mu-4A\alpha e_0 P_c\mu\varepsilon]$$
$$/2\{[\mu+\alpha e_0(P_c+k+\varepsilon)]^2-4\alpha\beta(1+i)\}$$

(11—30)

$$\pi_{R9}^* = [\alpha^2 e_0^2\varepsilon i(2\alpha e_0 k+2P_c+1)+i\alpha e_0^2(P_c+k)^2+2\alpha\beta(1+i)^2$$
$$2\alpha e_0\mu i(k+\varepsilon+P_c)+i\mu^2]/2\{[\mu+\alpha e_0(P_c+k+\varepsilon)]^2-4\alpha\beta(1+i)\}^2$$

(11—31)

推论 10：在产品补贴下的分散式决策中，当满足 $-\alpha[e_0\mu(P_c+k+\varepsilon)-\beta(1+i)]-\frac{1}{4}[\mu-\alpha e_0(P_c+k+\varepsilon)]^2>0$ 时，随着碳排放权价格的增加，单位碳减排量呈现上升趋势，领军企业利润随碳排放权价格的升高而增加。

证明：式(11—27)、式(11—30)对碳排放权价格 P_c 求一阶偏导，得到：$\frac{\partial \omega_9^*}{\partial P_c}>0$，$\frac{\partial \pi_{E9}^*}{\partial P_c}>0$。

可知，函数呈单调递增性质，即 P_c 越大，ω_9^*、π_{E9}^* 越大，说明碳排放权价格能促进领军企业进行低碳科技投资，推论 10 得证。

推论 11：在产品补贴下的分散式决策中，当满足 $-\alpha[e_0\mu(P_c+k+\varepsilon)-\beta(1+i)]-\frac{1}{4}[\mu-\alpha e_0(P_c+k+\varepsilon)]^2>0$ 时，随着碳税税率的增加，单位碳减排量呈现上升趋势，领军企业利润随着碳税税率的升高而降低。

证明：式(11—27)、式(11—30)对碳税税率 k 求一阶偏导，得到：$\frac{\partial \omega_9^*}{\partial k}>0$，$\frac{\partial \pi_{E9}^*}{\partial k}<0$。

可知，函数呈单调递减性质，即 k 越大，ω_9^* 越大，π_{E9}^* 越小，说明碳税能促进领军企业进行减少碳排放，但是由于征收碳税使得企业成本升高，因此，企业的利润会下降，推论 11 得证。

推论 12：在产品补贴下的分散式决策中，当满足 $-\alpha[e_0\mu(P_c+k+\varepsilon)-\beta(1+i)]-\frac{1}{4}[\mu-\alpha e_0(P_c+k+\varepsilon)]^2>0$ 时，随着消费者的低碳水平敏感系数的增加，单位碳减排量呈现上升趋势，领军企业利润随之增加。

证明：式(11—27)、式(11—30)对消费者的低碳水平敏感系数 μ 求一阶偏导，得到：$\frac{\partial \omega_9^*}{\partial \mu}>0$，$\frac{\partial \pi_{E9}^*}{\partial \mu}>0$。

可知，函数呈单调递增性质，即 μ 越大，ω_9^*、π_{E9}^* 越大，说明消费者的低碳水平敏感系数能促进领军企业进行低碳科技投资，推论 12 得证。

推论 13：在产品补贴下的分散式决策中，当满足 $-\alpha[e_0\mu(P_c+k)-(1-\theta)(1+i)\beta]$

$-\frac{1}{4}[\mu-\alpha e_0(P_c+k)]^2>0$ 时，随着还款利率的增加，单位碳减排量呈现下降趋势，领军企业利润随着还款利率的升高而降低。

证明：式(11—17)、式(11—20)对还款利率 i 求一阶偏导，得到：$\frac{\partial \omega_8^*}{\partial i}<0$，$\frac{\partial \pi_{E8}^*}{\partial i}<0$。

可知，函数呈单调递增性质，即 i 越大，ω_8^*、π_{E8}^* 越小，说明还款利率升高使得企业投资成本增加，不利于企业投资低碳科技，推论 13 得证。

推论 14：在产品补贴下的分散式决策中，当满足 $-\alpha[e_0\mu(P_c+k+\varepsilon)-\beta(1+i)]-\frac{1}{4}[\mu-\alpha e_0(P_c+k+\varepsilon)]^2>0$ 时，随着低碳科技投资产品补贴系数的增加，单位碳减排水平呈现上升趋势，领军企业利润随补贴系数的升高而增加。

证明：式(11—27)、式(11—30)对产品补贴系数 ε 求一阶偏导，得到：$\frac{\partial \omega_9^*}{\partial \varepsilon}>0$，$\frac{\partial \pi_{E9}^*}{\partial \varepsilon}>0$。

可知，函数呈单调递增性质，即 ε 越大，ω_3^*、π_{E3}^* 越大，说明政府对低碳科技投资产品进行补贴能促进领军企业进行低碳科技投资，推论 14 得证。

11.4　数值算例与仿真

结合第 4 章参数设置，对各影响因素进行敏感性分析。

11.4.1　碳排放权价格的影响

由图 11—4(a)可知，在无补贴、成本补贴以及产品补贴三种补贴模式下，碳减排率都随着碳排放权价格的增加而升高。碳排放权价格的升高，企业在碳交易市场上出售剩余碳配额获得的收益就越高，而且由于碳减排水平的提高，市场需求增加，企业出售产品获得的销售收入也相应增加。同时，碳减排量增加，产品市场需求增加，产品销售收入增加，在产品销售收入增加超过领军企业低碳科技投资和给零售商的借款利息之和后，领军企业就会获取利润[见图 11—4(b)]。

图 11—4 碳排放权价格的影响

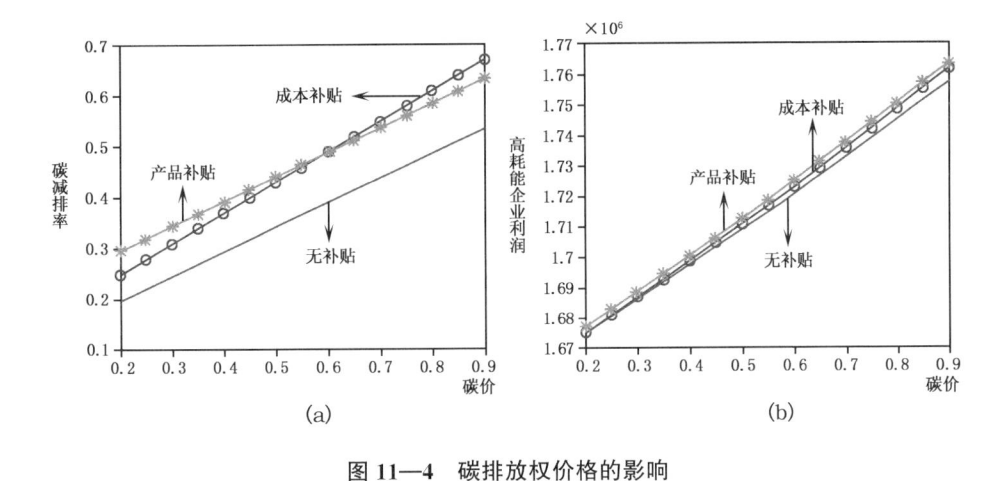

由图 11—4 可知,无补贴、产品补贴与成本补贴下碳交易价格对碳减排率、领军企业利润有相同的影响趋势。产品补贴与成本补贴下碳减排率、领军企业利润均高于无补贴状态,说明采用补贴策略能有效激励企业进行碳减排工作。与成本补贴相比,政府对领军企业进行产品补贴时,领军企业的碳减排率、利润均高于成本补贴。但是,随着碳排放权价格的升高,产品补贴对碳排放量的灵敏性逐渐减小,因此,政府应根据碳价变化,灵活制定补贴策略。

11.4.2 碳税税率的影响

由图 11—5(a)可知,在无补贴、成本补贴以及产品补贴三种补贴模式下,碳减排率都随着碳税税率的增加而升高。碳税税率越高,企业需要缴纳的碳税税额越高,给企业带来了较高的成本,为减少成本支出,企业会积极进行碳减排工作。因此,政府提高碳税税率可以使企业的碳减排率出现上升趋势。另一方面,由图 11—5(b)可以看出,领军企业利润均呈现下降趋势,这是由于在碳税税率较高时,企业的碳减排率处于较高水平,投资低碳技术的成本也较高,领军企业销售收入增加低于投资低碳科技成本与利息之和,因而利润下降。

由图 11—5 可知,无补贴、产品补贴与成本补贴下碳税税率对碳减排率、领军企业利润有相同的影响趋势。产品补贴与成本补贴下碳减排率、领军企业利润均高于无补贴状态,说明采用补贴策略能有效激励企业进行碳减排工作。与

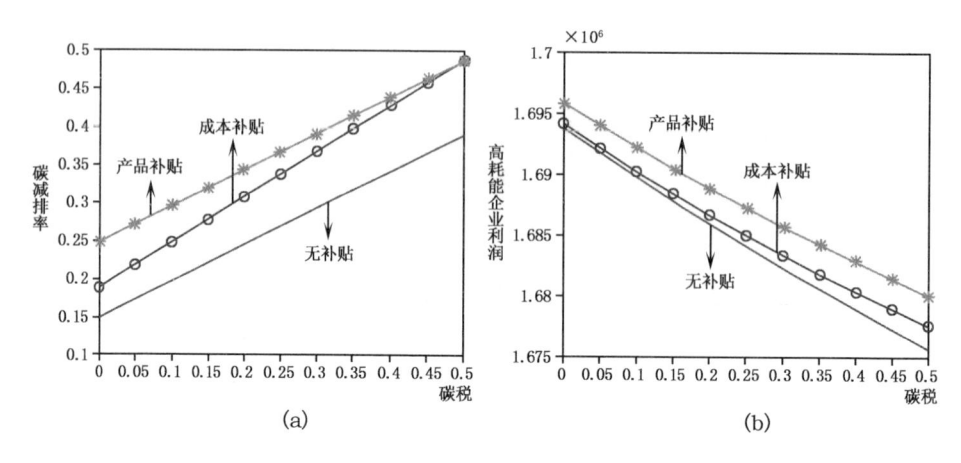

图 11—5 碳税税率的影响

成本补贴相比,政府对领军企业进行产品补贴时,领军企业的碳减排率、利润均高于成本补贴,产品补贴比成本补贴的激励效果更加明显。

11.4.3 消费者低碳水平敏感系数的影响

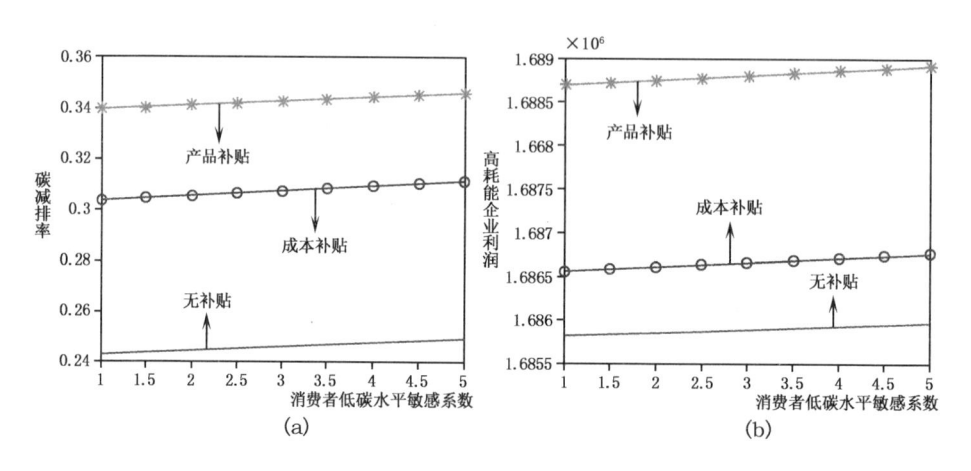

图 11—6 消费者低碳水平敏感系数的影响

由图 11—6(a)可知,在无补贴、成本补贴以及产品补贴三种补贴模式下,碳减排率都随着消费者低碳水平敏感系数的增大而升高。消费者低碳水平敏感系数越高,消费者低碳产品的价格和市场需求量也越高,企业为了生产更多的产品、抢占更多的市场份额,会提高产品的碳减排率,因此领军企业和零售商由于产品销售带来的收益会增加,当出售增加的收益超过企业投资低碳科技付出的成本时,领军企业就会获得利润[见图11—6(b)]。

由图11—6可知,无补贴、产品补贴与成本补贴下消费者低碳水平敏感系数对碳减排率、领军企业利润有相同的影响趋势。产品补贴与成本补贴下碳减排率、领军企业利润均高于无补贴状态,说明采用补贴策略能有效激励企业进行碳减排工作。与成本补贴相比,政府对领军企业进行产品补贴时,领军企业的碳减排率、利润均高于成本补贴,随着消费者低碳水平敏感系数的升高,产品补贴对碳排放量的影响逐渐减少,但仍大于产品补贴,且产品补贴策略下企业利润增加更为明显,因此,政府进行产品补贴使企业投资低碳科技的积极性更高。

11.4.4 还款利率的影响

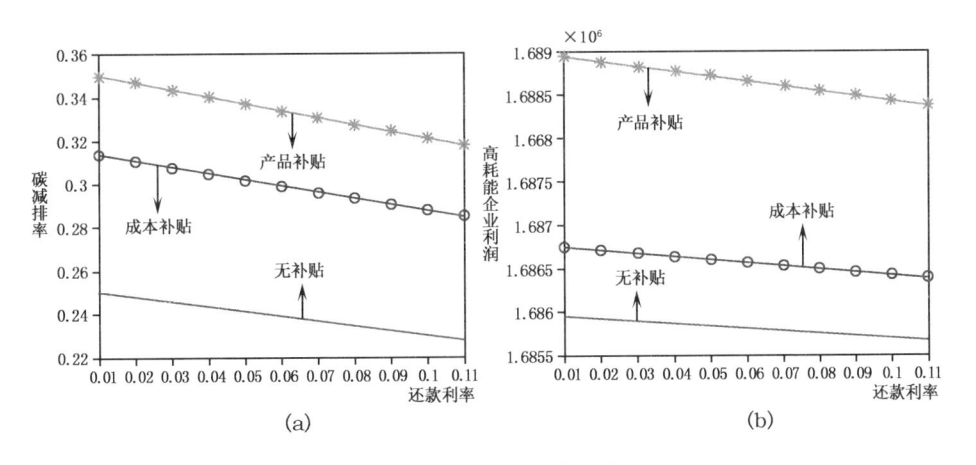

图11—7 还款利率的影响

由图11—7(a)可知,在无补贴、成本补贴以及产品补贴三种补贴模式下,碳减排率与领军企业利润都随着还款利率的增加而降低。还款利率越高,企业需要付出的利息越高,企业投资低碳科技付出的成本就越多,此时企业不愿意投资高水平的低碳科技,碳减排率呈现下降趋势。由于成本升高,领军企业的利润呈下降趋势,企业为保证一定的收益,会限制贷款额度,不会无限制地向零售商借款。

11.4.5 成本补贴比例的影响

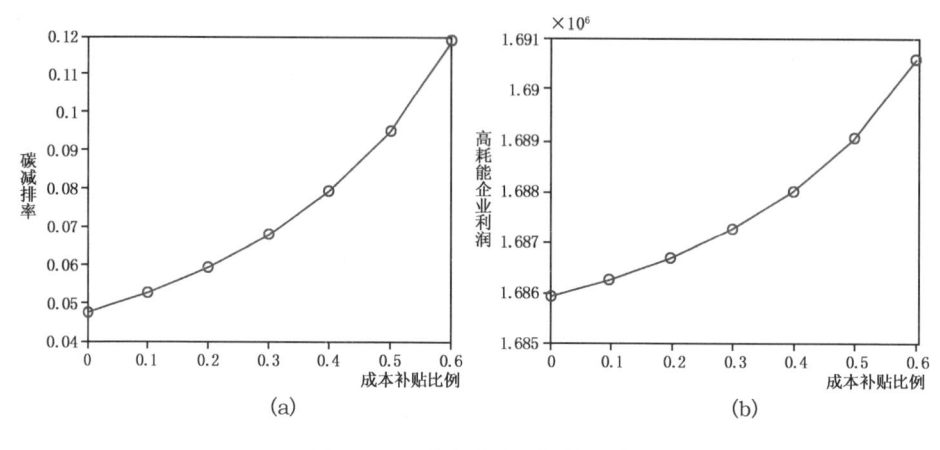

图 11—8 成本补贴比例的影响

由图 11—8(a)可知，碳减排率随着成本补贴比例的增大而升高，成本补贴比例越高，企业投资低碳科技所需的资金越少，由于融资而支出的利息也越少。企业投资低碳科技付出的成本越少，投资低碳科技的意愿也就更强，而且投资使用低碳科技以后，产品的碳排放量显著降低，消费者对产品存在的低碳偏好使得产品的市场需求量增加。而且与普通产品相比，生产低碳产品所需的成本较高，因此领军企业会提高产品的批发价格，下游零售商也会相应地提高低碳产品的销售价格，因领军企业和零售商的利润均随成本补贴比例的提高而增加，收益的增加又会进一步增强企业投资低碳科技的积极性。

11.4.6 产品补贴系数的影响

由图 11—9(a)可知，碳减排率随着产品补贴系数的增大而升高，政府对产品碳减排量进行的补贴弥补了企业投资低碳科技的部分成本，企业投资低碳科技的成本由此降低。企业在投资使用低碳科技后，投入的低碳科技水平越高，碳减排量越大，获得的产品补贴越多，产品的市场需求量以及产品的批发价格和销售价格相应越高，企业的销售收益也就越高。对领军企业来说，政府对产品进行补贴后，投资低碳科技会获得更高的销售收入，而与无补贴相比，需要付出的成

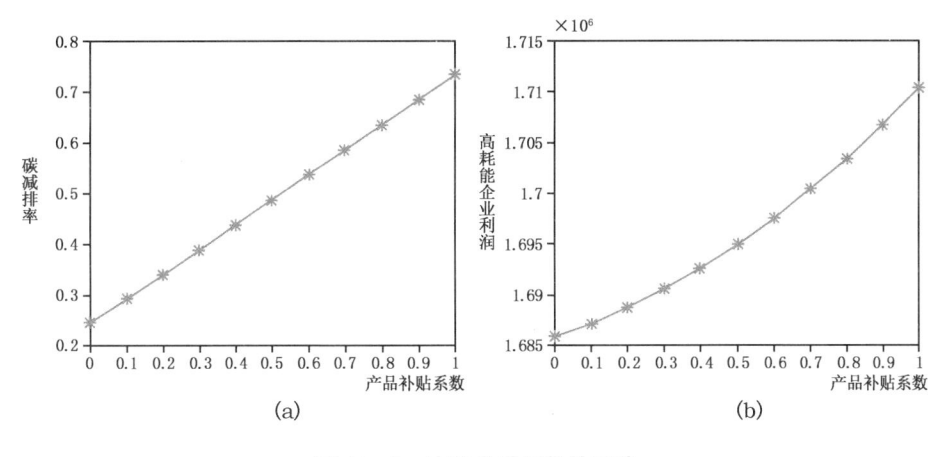

图 11—9 产品补贴系数的影响

本较少,企业进行低碳科技投资的积极性也会进一步增强。

11.4.7 不同补贴策略对比分析

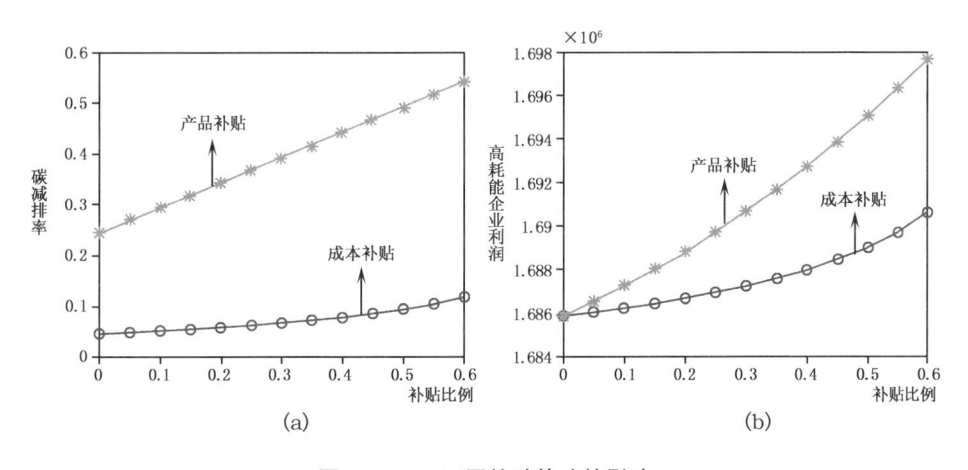

图 11—10 不同补贴策略的影响

图 11—10 描绘了内部融资下成本补贴比例与产品补贴比例相同时的碳减排率与领军企业利润的变化趋势。由图 11—10(a)可知,相同补贴比例下,采取产品补贴时领军企业的碳减排水平更高,且随着补贴比例的提升,产品补贴的敏感性逐渐增强,与成本补贴差距逐渐增大,采用成本补贴碳减排量更大。由图

11—9(b)可知,在相同的补贴比例下,采用产品补贴时领军企业的利润更大,且随着补贴比例的增加,采用产品补贴使领军企业的利润增长更快,优势更为明显。因此,在资金充足时采用产品补贴激励效果更优。

11.5 本章小结

本章以领军企业与零售商组成的供应链为研究对象,分析了领军企业内部融资时,无补贴、成本补贴与产品补贴下的低碳科技投资策略,并通过数值仿真分析了各影响因素对碳减排率、领军企业利润与零售商利润的影响。本章的主要研究结论如下:(1)碳排放权价格与碳减排率、领军企业利润呈正相关关系。(2)碳税税率与碳减排率呈正相关关系,与领军企业利润呈负相关关系。(3)消费者低碳水平敏感系数、成本补贴比例、产品补贴系数均与碳减排率、领军企业利润呈正相关关系。(4)还款利率与碳减排率以及领军企业的利润呈负相关关系。(5)与无补贴相比,成本补贴与产品补贴能有效提高碳减排率以及企业的利润,且产品补贴的效果优于成本补贴的效果。

第五部分

案例应用

第 12 章　低碳科技创新联合体孵化实践
——蔚来新能源汽车

12.1　背景介绍

　　蔚来汽车是一家全球化的智能电动汽车公司,致力于通过提供高性能的智能电动汽车与极致用户体验为用户创造愉悦的生活方式。蔚来公司成立于 2014 年 11 月,在全球多地建立了研发中心,并在 2016 年与江淮汽车合作,由其代工。2018 年 9 月,公司在纽交所挂牌上市,成为继特斯拉之后在美国上市的第二家智能电动汽车公司。公司建设上,管理团队拥有极强的互联网基因和丰富的汽车行业从业经验,双重基因让公司在具备扎实的整车设计和研发能力的同时,能更好地借助互联网模式为用户提供更优的购买与驾驶体验。在研发能力上,蔚来汽车作为国内领先的新能源汽车企业,不仅造车早、技术积淀深,还具备多元化、全球化等先发优势。目前,蔚来汽车已获得授权专利及公开专利 4 000 多件。与国内造车新势力相比,蔚来汽车在相关专利的积累数量上占有绝对优势。蔚来近年投入的研发费用为:2016 年 14.65 亿元,2017 年 26.03 亿元,2018 年 39.98 亿元,2019 年 44.29 亿元,2020 年 24.88 亿元。2021 年,蔚来计划提速核心技术和新车型的研发和量产工作,研发投入预计将增加一倍,达到 50 亿元人民币左右。新能源电动汽车最重要的一个技术是三电技术。在三电技术中,蔚来自研了电机与电控技术,电池则与宁德时代合作,促进了企业的进一步降本增效。在产业政策扶持和碳中和方向指引下,新能源汽车产业发展被摆上了重要的战略地位,蔚来汽车在国家低碳政策的号召下,积极实施"Blue Point(蓝点计划)"和电池技术研发等低碳项目,大力布局换电站,为加快实现"双碳"目标和推进绿色可持续发展做出了重要贡献。

12.2 现状及问题

作为全球领先的新能源汽车公司,蔚来汽车目前已在全球13座城市设立了研发生产机构。作为初创品牌,其销售业绩在行业内遥遥领先。截止到2021年,蔚来汽车已成功累计交付167 070辆汽车。旗下轿车车型产品有蔚来ET7和蔚来ET5,轿跑车型产品有蔚来EC6,SUV车型则有蔚来ES8和蔚来ES6,电动超跑车型有蔚来EP9,此外还有概念车蔚来EVE。蔚来汽车专注研发核心科技,拥有六大核心技术且都具备知识产权。蔚来汽车十分注重用户体验,NIO HOUSE是为用户打造的线下交流中心,NIO LIFE则为用户提供日常生活中所需产品,二者均可以用积分换购。

12.2.1 产品矩阵尚不完善

由于产品类型的单一化,蔚来汽车的产品矩阵目前还不够完善,而且蔚来汽车的产品竞争力在新势力中间正逐渐被削弱。蔚来汽车当前销量的支撑,是2018年上市的车型蔚来ES6,占到了三季度总交付量的46%。从最早在2017年上市的蔚来ES8,到2019年上市的蔚来EC6,都是基于蔚来第一代平台NT1.0搭载的,因为硬件架构的限制,在辅助驾驶、智能座舱等"造车新势力"最擅长的方向,并不如小鹏和理想进步迅速。相比威马W6和小鹏P5已经量产搭载的高通8155芯片,蔚来在售的三款车型的老一代硬件架构,在性能和能耗等方面都颇有不如。

价格方面,蔚来汽车2022年新产品ET7的售价区间为44.8万~52.6万元,比以往蔚来的任何产品都贵,与奔驰E级、宝马5系、奥迪A6L处于同一价位。这几款BBA主力车型在国内的年销量都在15万辆以上,但50万元的新能源汽车产品,大多月销几百台,靠一款高端车型走量显然是不现实的。另外,蔚来目前主销的产品都属于大中型SUV,售价35万~60万元。从新能源销量分布来看,售价在20万元左右的车型销量较好,所以蔚来高端车的定位和定价,让蔚来产品的销量很难大幅提升。

12.2.2 研发投入费用过高

蔚来发布的2022年三季度财报显示,该年第三季度实现营收约130.02亿元,同比增长32.6%。然而,伴随着营收创新高,蔚来在三季度的研发投入也达到了一个阶段性顶点。财报显示,2022年第三季度,蔚来研发支出增加至29.45亿元,较上年同期增加146.8%,环比增加37%。同时,这个数据也创下蔚来上市以来的最高单季纪录,高额的研发投入使亏损情况得不到根本性改善。

蔚来是唯一坚持"换代"家用新能源汽车的公司。也正是在换电技术和换电站方面的投入,让蔚来的研发投入保持在行业高位。成立近10年的蔚来,在研发上持续投入巨资。过去四年,蔚来汽车研发投入超过155亿元。2021年,公司研发支出45.9亿元,同比增长84.6%,占收入的比重为12.7%。2020—2018年,蔚来汽车的研发投入分别为39.98亿元、44.29亿元、24.88亿元,而同期理想汽车为7.94亿元、11.69亿元、11.00亿元,小鹏汽车为10.51亿元、20.70亿元、17.26亿元。尽管蔚来汽车研发投入在行业内仍处于较高水平,但用户似乎并不买账。2022年前两个月,蔚来的交付量低于小鹏、理想和哪吒,继续垫底。

12.2.3 产能资质相对滞后

汽车的安全性跟生产是不可分割的,生产的水平直接影响了产品的最终质量。蔚来汽车选择江淮汽车代工,而江淮的品控能力在行业内并不出色,因此生产环节的劣势是蔚来需要长期关注的问题。

蔚来汽车的经营走的是"合作工厂+自建工厂"的模式,先后与江淮、广汽、长安等传统整车厂商建立了合作关系,共同进行电动汽车整车制造和零部件开发。此外,蔚来自建南京工厂生产电力驱动产品,并已规划了上海第二工厂,为后续车型做准备。但由于起步较晚、产业基础薄弱,加之生产技术难度高、生产工艺复杂等,导致产能爬坡周期变长。另外,由于全球芯片短缺,供应链承压,进而造成产能不足,极大地影响了蔚来汽车随后的交付表现。

12.3 场景应用

12.3.1 场景描述

蔚来新能源汽车作为行业领军企业之一，通过纵向整合产业链上下游力量，横向联合高校科研院所力量，组建了多个创新联合体，围绕智能电动汽车的前瞻性技术、关键共性技术和工程应用技术、高端装备制造技术等领域开展创新研发，具有很强的研究代表性。图12—1是蔚来新能源汽车产业创新联合体产品的研发流程。

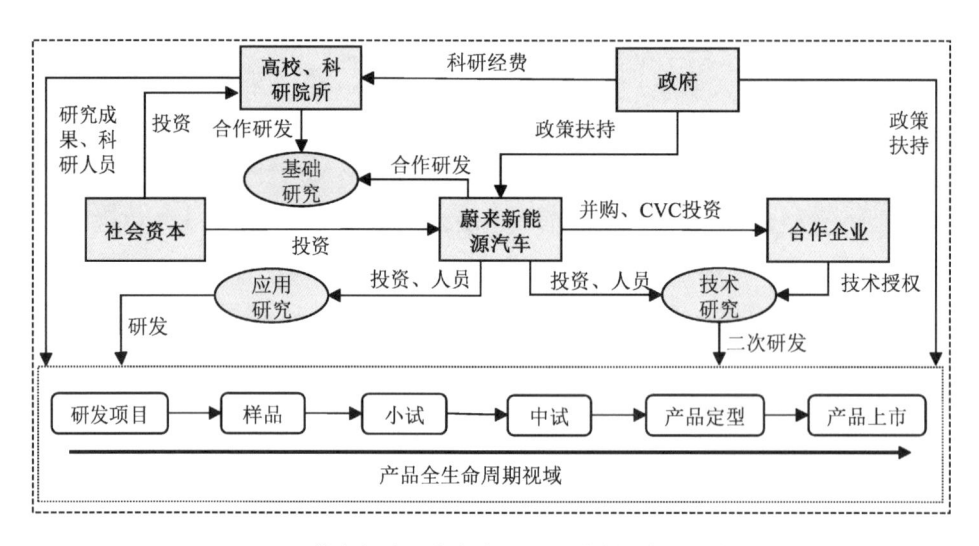

图 12—1　蔚来新能源汽车产业创新联合体产品研发流程

在新能源汽车的生产研发中，为了通过资源整合与共享以降低成本，蔚来汽车积极组建了多个创新联合体，并与中国最大的电池制造公司宁德时代成功签订了电池制造项目合作协议。在协议中，两家公司计划在新品牌、新项目和新市场推进技术合作；改善供需联动；推动海外业务拓展；发展基于长寿命电池的商业模式。宁德时代和蔚来汽车将继续充分发挥各自的资源优势，以先进电池技术为基础，构建高效协同的电池供应体系，提升创新能力与效率。在蔚来新能源汽车与电池生产企业宁德时代构成的产业链系统中，蔚来新能源汽车的潜在市场需求为 10 万辆,电池的生产成本为 10 万元,新能源汽车中除电池之外的其他成本为 10 万元。另外,在销售过程中,蔚来新能源汽车的价格存在弹性,弹性系数为 0.5,蔚来新能源汽车的初始续航能力为 100 千米。在研发成本分摊契约中,蔚来新能源汽车生产企业分摊电池生产企业研发成本的比例为 0.9,在约束电池价格的研发成本分摊契约中,电池价格占蔚来新能源汽车价格的比例为 0.1。

12.3.2 主要参数及模型构建

根据上述场景描述,来构建蔚来新能源汽车的创新联合体协同合作模型,主要参数和函数模型如表 12—1 所示。

表 12—1　　　　　　　　　　　主要参数

符号	名称
$a=10$	蔚来新能源汽车的潜在市场需求为 10 万辆
$c_b=10$	电池的生产成本为 10 万元
$K=10$	蔚来新能源汽车中除电池之外的其他成本为 10 万元
$b=0.5$	蔚来新能源汽车的价格弹性系数为 0.5
$\bar{u}=1$	蔚来新能源汽车的初始续航能力为 1 百千米
$\beta=0.9$	蔚来新能源汽车生产企业分摊电池生产企业研发成本的比例为 0.9
$\gamma=0.1$	电池价格占蔚来新能源汽车价格的比例为 0.1

新能源汽车产业链合作研发决策和非合作研发决策时的产业链利润函数为:

$$\Pi_1 = (p_n - c_b - K)(a - bp_n + tg) - k(u - \bar{u})^2$$

$$\Pi_2 = (a - bp_n + tu)(p_b + p_n - c_n - c_b) - k(u - \bar{u})^2$$

通过求解可得新能源汽车的最优零售价格、最优续航能力水平、最优需求量和最优系统利润:

$$p_n^* = \frac{2k(a + bc + t\bar{u}) - t^2 c}{4kb - t^2}$$

$$g^* = \frac{4kb\bar{u} + (a - bc)t}{4kb - t^2}$$

$$Q^* = \frac{2kb(a-bc+t\bar{u})}{4kb-t^2}$$

$$\Pi_1^* = \frac{k(a-bc+t\bar{u})^2}{4kb-t^2}$$

$$\Pi_2^* = \frac{k[a-b(c_b+K)+t\bar{u}]^2(12bk-t^2)}{[8kb-t^2]^2}$$

12.3.3 算例分析

将蔚来新能源汽车创新联合体的运营参数代入函数模型中,并进行算例分析,探索不同参数对系统利润的影响。

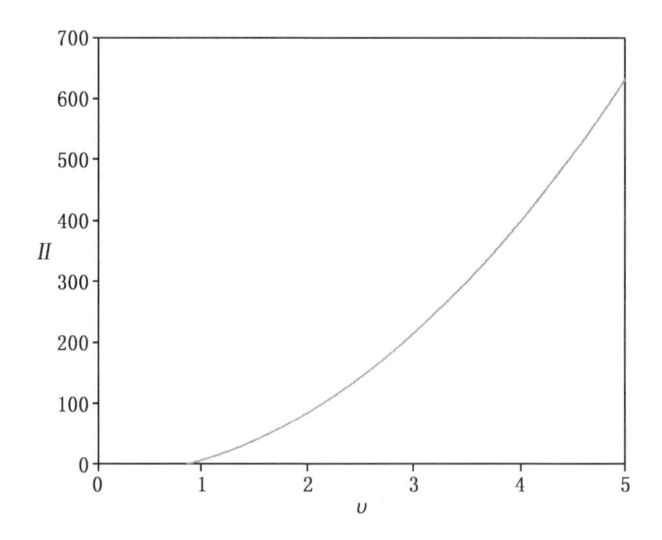

图 12—2 研发后新能源汽车续航能力对系统利润的影响

如图 12—2 所示,在研发之后新能源汽车续航能力提升的同时,新能源汽车产业链系统的利润也逐渐增加。这说明在新能源汽车行业中,电池技术的研发能有效提升电池效率,提升新能源汽车的续航能力,促进该品牌新能源汽车的销量,从而提高新能源汽车产业的利润。

由图 12—3 可以看出,随着电池价格比例的升高,系统利润逐渐增加,说明在新能源汽车的研发过程中,通过创新联合体协同合作加大对电池技术的研发投入来提高电池价格,可以提升电池企业的利润。

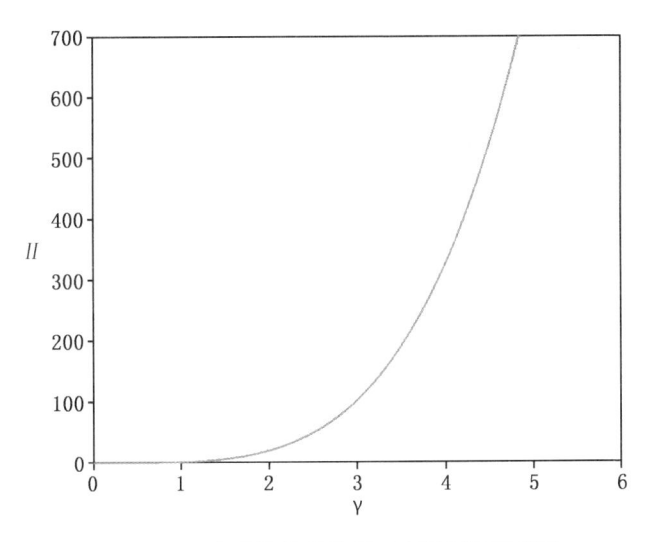

图 12—3 电池价格的比例对系统利润的影响

12.4 实践启示

12.4.1 加大协同合作力度

新能源汽车改变了传统以燃油发动机为核心的技术构成,也使产业链组合发生了变化。正如《新能源汽车产业发展规划(2021—2035 年)》中指出的那样,随着汽车动力来源、生产运行方式、消费使用模式全面变革,新能源汽车产业生态将由零部件、整车研发生产及营销服务企业之间的"链式关系",逐渐演变为汽车、能源、交通、信息通信等多领域多主体参与的"网状生态"。

新能源汽车产业应加大协同合作研发力度,组建产学研、创新联合体等组织模式,新能源汽车产业技术路线并行发展将是趋势。随着产业链拉长,"网状生态"格局将持续加深,多元、协同、互补、融合等发展特点将更加凸显。与此同时,产业的共性技术和交叉难点还有很多不确定性,单靠一己之力很难突破,正如蔚来新能源汽车与宁德时代的合作一样,二者的合作收益远大于竞争得利。只有更多企业、技术跨界融合,实现产业链协同,整个行业才能以更开放的姿态融入新技术革命,实现合作共享和共赢。

12.4.2　完善新能源汽车产业结构

新能源汽车从生产阶段到销售、售后都存在着一些问题，相关企业必须根据现有情况对新能源汽车整个产业结构进行对应的完善才能更好地促进新能源汽车行业的发展。新能源汽车产业中最为重要的是锂电池以及电机等重要配件的生产与应用，相关企业也应当在这方面下足功夫，因为只有锂电池、电机等重要配件更加先进才能更好地提升新能源汽车的性能。

国家层面也应当根据新能源汽车的发展情况对汽车内部不同的零配件制定较为精准的标准，最大程度减少无良商家生产质量不过关的汽车配件的现象。同时，在全国范围内也应当加强新能源汽车充电站、充电桩等基础设施的建设，推动新能源汽车行业的快速发展。

12.4.3　提升科研创新水平

新能源汽车行业应当根据实际情况不断加强对新能源汽车各个方面技术的科研创新力度，使新能源汽车不断进行技术上的突破，只有实现了技术的不断突破才能保证新能源汽车在应用过程中发生故障的可能性不断降低。新能源汽车的高性能与低排放量等优势会使其在未来的应用市场中满足越来越多消费者的需求，相应地，新能源汽车在不断地扩大销售市场的过程中也会发展得愈加壮大。

现阶段，我国新能源汽车所使用的不少零配件都是国外生产的，这样的话便会在无形之中增加新能源汽车生产成本支出。我国新能源汽车企业可以采取与国外相关企业共同合作的方式来借鉴其生产优势，不断地提升生产技术，以此解决性能与生产成本的相关问题，推动新能源汽车行业的不断发展。

12.5　本章小结

本章主要通过蔚来新能源汽车的案例来剖析新能源汽车产业创新联合体的发展。首先，本章对蔚来汽车的背景进行介绍，然后就蔚来汽车在业务中存在的问题进行探讨，并选取蔚来新能源汽车产业创新联合体运营数据对其进行算例分析。最后,通过算例结果得到如下实践启示:新能源汽车产业创新联合体要加大协同合作力度、完善新能源汽车产业结构和提升科研创新水平,促进创新联合体的良好发展。

第 13 章　低碳科技创新联合体孵化实践
——长安新能源汽车

13.1　背景介绍

长安新能源汽车有限公司由重庆长安汽车股份公司与重庆市科技风险投资公司共同出资于 2008 年 6 月成立，业务涉及新能源汽车及相关零部件研发和制造、营销服务等。长安汽车于 2001 年进入新能源领域，是中国最早进入新能源汽车领域的企业之一，具备丰富的技术研发经验积累。长安汽车先后经历了技术研究、产业化推广和市场化运行三个阶段，完成了从样车到产品的正向开发历程，构建了从开发流程、核心技术、核心产品，到生产制造、供应链等成体系的市场竞争能力。长安新能源汽车以"世界一线主流电动车品牌"为定位，目前拥有完全自主知识产权的纯电驱动平台 EPA1、全球首发的长安新一代超集电驱和电驱高频脉冲加热技术、突破电池零起火等多项国内首发国际领先的核心技术。长安新能源致力于提供跃级产品体验，满足人民对美好生活的向往，累计为用户提供了 20 余款新能源汽车产品，中长期将发布三款全新新能源汽车产品，覆盖 EV、REEV、FCV 等多种动力类型。对外合作方面，长安新能源在整车、科技、能源、充电、出行等多个领域与宁德时代、国家电网等行业领先企业开展深度合作，创建了最庞大最权威的产业链联盟。目前，长安新能源正以"第三次创新创业"为指引，落实"香格里拉计划"，努力向世界一流新能源汽车企业迈进。

13.2 现状及问题

在全民助力"碳中和"的浪潮中,新能源汽车更具有长远的经济意义。长安作为新能源汽车行业里的龙头品牌,肩负着实现碳中和的企业责任。长安新能源汽车经过多年探索,陆续将多款量产车型推向市场,掌握了400余项核心技术,建立了一支包括归国专家等高级人才在内的160多人的混合动力系统研发专业团队,培养了一支高学历、高素质、高能力的新能源汽车研发核心人才队伍。

13.2.1 品牌盈利能力不足

中国自主汽车品牌盈利能力不足是行业痼疾,这一点长安也不例外,但长安盈利能力不足的原因与大部分自主品牌不同。国内汽车自主品牌盈利能力差,主要原因都是缺乏打造畅销产品的能力,比如此前《财经十一人》曾经研究过的比亚迪,因为缺乏爆款产品打造能力,不论是销量还是盈利能力都在不停地坐过山车。

而长安汽车则不一样,在爆款打造方面,长安是有漂亮战绩的。2021年1—9月的车型销量排名上,在自主品牌占据绝对优势的SUV车型中,长安CS75高居第二,而且长安是唯一有两款车进入销量前15的自主品牌。但通过用CS75的销量与长安汽车的同期净利润对比发现,在CS75上市的前几年,畅销车型与利润之间的关联关系还是正常的,从2019年开始,销量与利润之间的关联度就不存在了,所以长安汽车盈利能力不足存在畅销车型以外的影响因素(见图13—1)。

通过对长安汽车业绩数据的分析,长安汽车盈利能力不足的原因主要有三个:合资品牌溃败的巨大拖累;自主品牌虽有爆款车型,但车型数量过多,少数爆款车的盈利被大量非畅销车型稀释;管理、销售费率高过同行平均水平,存在浪费。

13.2.2 产业组织形式待完善

长安等国有汽车集团主要走合资道路,技术创新主体是跨国公司,对自主品牌的研发投入和资源投入都不足,甚至不及民营汽车企业。在长安汽车的合资

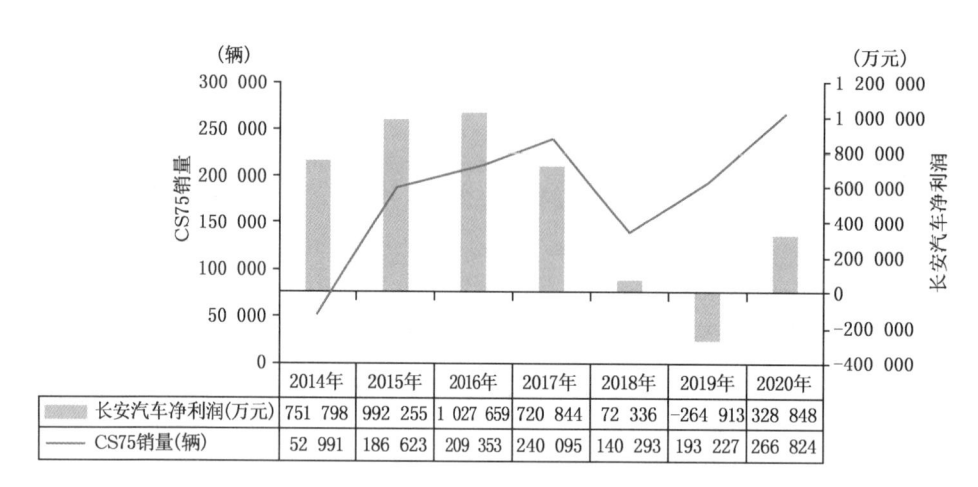

年份	2014年	2015年	2016年	2017年	2018年	2019年	2020年
长安汽车净利润(万元)	751 798	992 255	1 027 659	720 844	72 336	−264 913	328 848
CS75销量(辆)	52 991	186 623	209 353	240 095	140 293	193 227	266 824

图 13—1　CS75 车型与长安汽车利润对照图

模式中，外资掌握了技术创新的主导权，对合资企业有着严格的技术控制，从技术引进、转让、研发分工等方面，外资形成了较强的技术垄断，中方的参与度相对较低，处于被动地位。跨国公司在核心技术研发上由总部控制，在中国市场的研发只是以本土化的适应性技术开发为主。虽然经过多年的合作，合资企业在人才培养、技术外溢等方面的确帮助国有汽车集团提升了技术水平，但核心技术的研发和创新能力上，对中方的提升帮助不大，国有汽车集团自主品牌的发展上依然受到核心技术缺乏的掣肘，自主研发投入不足，专利申请数量不及民营汽车企业。

新能源汽车技术的研发投入大、风险大、周期长，需要长期的投入以及行业合作，才能形成自主研发能力，这需要主要的大企业集团的积极投入。从产业组织的角度来看，发达国家如美国、日本、德国等都把大型汽车集团作为技术创新的主体，政府给予大量的资金扶植，引导并形成汽车行业整体的合作研发，以组织化、系统化的创新模式与其他国家的汽车产业竞争，不仅产业集中度高，而且企业的合作度也高。而我国在这方面显然与它们存在很大差距，目前的产业组织形式下，长安等国有大型汽车集团创新活力受到外资方的掣肘，民营汽车企业创新动力强，但实力终究有限，汽车产业难以整合资源形成集团合作创新的合力。

13.2.3 研发创新水平较低

从时间上来说,长安新能源汽车产业规模化发展也只有 10 多年,与跨国汽车集团几十年甚至上百年的发展经历相比,长安新能源汽车企业的研发经验和技术积累都明显不足。新能源汽车技术的研发,是综合性的系统工程,所需要的基础研究、数据积累、流程管控、人才培养等,都是难以靠引进、并购获得的,需要企业自身不断探索、累积经验,长时间的研发才能真正提升自身的综合技术水平和创新能力。

与竞争对手相比,长安在新能源的核心技术方面缺乏自主可控能力。比亚迪有全产业链的布局,吉利有 SEA 浩瀚架构,这被认为是国内目前最好的纯电车型架构。长城通过蜂巢能源、蜂巢动力,在动力电池和混动领域均进行了布局。广汽在自动驾驶、快速充电、电池安全领域建立了雄厚的技术储备。相比之下,长安在新能源和智能汽车的关键技术方面,几乎没有自己掌控的重要技术。

13.3 场景应用

13.3.1 场景描述

2022 年 5 月,长安新能源汽车产业创新联合体由重庆长安新能源汽车科技有限公司牵头,开展"电驱深度集成研发""电池集成+电池管理"及"一体式集成下车体平台开发"等一批新能源汽车领域技术难点攻关,以推动解决当前新能源汽车大规模产业化的共性技术瓶颈问题。该创新联合体与长安汽车、青山工业等上下游产业链企业一道,携手重庆大学、重庆理工大学等众多高校与科研院所,开发新一代高集成度电驱动系统,力图掌握电驱动系统关键技术,推动实现电机、控制器、减速器等多功能的一体化深度集成,形成具有完全自主知识产权的一体化电驱动系统核心技术能力、产品、开发体系;形成具有完全自主知识产权的云 BMS(电池管理系统)技术能力、产品、开发体系;形成具有完全自主知识产权的一体式集成下车体平台核心技术能力、产品、开发体系。

在上述创新联合体中,长安新能源汽车和学研机构均具有一定的自主创新能力,若双方未达成协同合作关系(双方均选择不协同合作策略),长安新能源汽车和学研机构将会获得不同的收益,企业和学研机构双方达成协同合作关系时(双方均选择协同合作策略),通过构建创新联合体能够增加协同创新系统的总收益,这部分增加的收益为 15 万元,双方对这部分收益进行分配,长安新能源汽车的收益分配率为 0.4,学研机构的收益分配率为 0.6。此外,双方初建和维护协同合作关系需要花费一定的成本,设初建协作关系的成本为 2.5 万元,维护协作关系的成本为 1.5 万元。双方在选择策略过程中,某一方可能因为其他方面的利益选择放弃协同合作,此时会给协同创新系统和合作的另一方带来经济损失,放弃协同合作的主体需要向另一方支付一定的赔偿金,这部分金额与协同合作的总收益有关,其中赔偿系数为 0.3。此外选择放弃协同合作的主体会获得其他方面的收益,长安新能源汽车放弃协同合作获得的额外收益为 5 万元,学研机构放弃协同合作获得的额外收益为 5 万元。在博弈初始阶段,长安新能源汽车选择协同合作的概率为 0.6,选择不协同合作的概率为 0.4;学研机构选择协同合作的概率为 0.5,选择不协同合作的概率为 0.5。

13.3.2 主要参数及模型构建

根据上述场景描述来构建长安新能源汽车的创新联合体协同合作模型,主要参数和函数模型如表 13—1 所示。

表 13—1   主要参数

符号	名称
$R'_1=5$	长安新能源汽车放弃协同合作获得的额外收益为 5 万元
$R'_2=5$	学研机构放弃协同合作获得的额外收益为 5 万元
$\Delta R=15$	构建创新联合体增加的总收益为 15 万元
$a=0.4$	长安新能源汽车的收益分配率为 0.4
$1-a=0.6$	学研机构的收益分配率为 0.4
$C_1=C_2=2.5$	构建协作关系的成本为 2.5 万元
$C'_1=C'_2=1.5$	维护协作关系的成本为 1.5 万元
$r=0.3$	赔偿系数为 0.3
$x=0.6$	长安新能源汽车选择协同合作的概率为 0.6

续表

符号	名称
$y=0.5$	学研机构选择协同合作的概率为 0.5

构建如表 13—2 所示的长安新能源汽车与学研机构在选择协同合作和不协同合作两种策略下的博弈收益矩阵。

表 13—2　　　　　新能源汽车与学研机构的博弈支付矩阵

		学研机构	
		协同合作	不协同合作
长安新能源汽车	协同合作	$R_1+a\Delta R-C_1-C'_1$ $R_2+(1-a)\Delta R-C_2-C'_2$	$R_1+r\Delta R-C_1-C'_1$ $R_2+R'_2-r\Delta R-C_2$
	不协同合作	$R_1+R'_1-r\Delta R-C_1$ $R_2+r\Delta R-C_2-C'_2$	$R_1;R_2$

创新联合体下的产学研合作行为决策动态演化过程可以用如下微分方程组成的动态复制系统来表示：

$$\begin{cases} \dfrac{\mathrm{d}x}{\mathrm{d}t}=x(1-x)[(a\Delta R-R'_1+C_1)y+r\Delta R-C_1-C'_1] \\ \dfrac{\mathrm{d}x}{\mathrm{d}t}=y(1-y)[(\Delta R-a\Delta R-R'_2+C_2)x+r\Delta R-C_2-C'_2] \end{cases}$$

13.3.3　算例分析

将长安新能源汽车创新联合体的运营参数代入函数模型中，并进行算例分析，探索不同参数对企业和学研机构双方协同合作决策的影响，参见图 13—2。

由图 13—2 可知，协同合作收益的增加对企业和学研机构双方选择协同合作策略均有促进作用。在其他条件不变的情况下，增加协同合作收益可以从双方均选择不协同合作策略的状态直接向双方均选择协同合作策略的状态演化，中间并没有一方选择协同合作策略而另一方放弃的过渡状态。所以说，在创新联合体下的产学研合作行为决策过程中，如果创新项目的前景良好，能够给双方带来的总收益越多，越能够促使企业和学研机构双方协同合作的实现。

由图 13—3 可知，收益分配系数的合理性对企业和学研机构双方的策略选

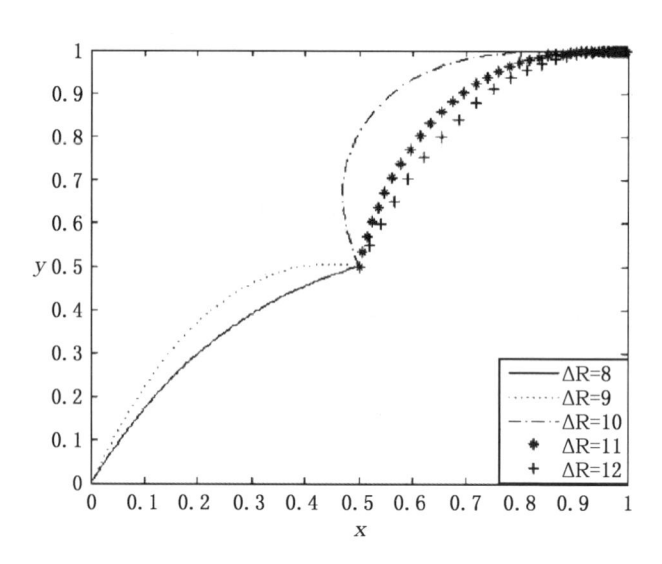

图 13—2　构建创新联合体增加的总收益对决策结果的影响

择具有很大的影响。无论是企业还是学研机构，在对协同合作总收益进行分配时，所得比例过低都会导致该方放弃协同合作策略，这与现实收益分配的公平情况相符。所以在现实分配中，双方应该重视收益分配的公平性，可依据双方的资源投入情况制订分配方案。

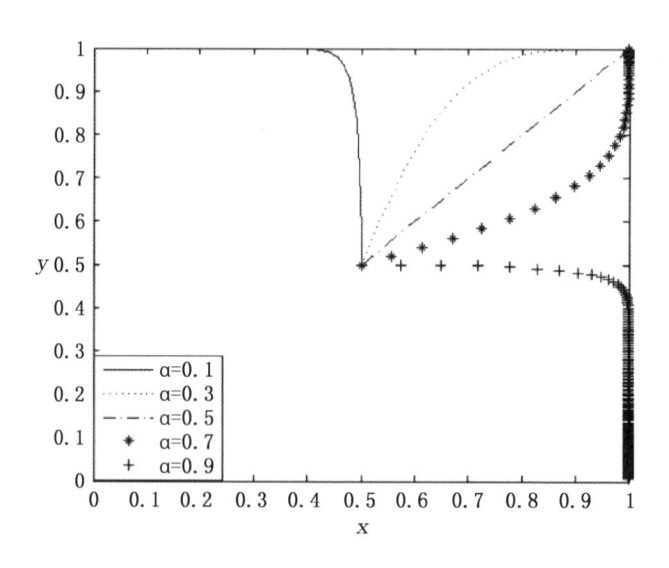

图 13—3　分配系数对决策结果的影响

13.4 实践启示

13.4.1 建立合理的分配机制

良好的合作利益分配机制应能实现合作利益分配的最优化，有利于创新联合体的长期和稳定发展。在实际的市场机制下，合理的收益分配机制对新能源汽车企业和其他协同合作主体的决策行为有显著影响，能有效保证合作各方的利益公平分配。在创新联合体合作利益分配中要考虑各种合作要素参与分配的合法性和科学性，考虑合作各方的满意度。如要考虑到人才、技术、设备、资本以及如商标、品牌等各类无形资产等合作要素参与分配的合理性，以充分激活合作体中各类要素的作用，形成合作各方都满意的利益分配方案，获得与各类投资成正比的利益收入，避免因此而导致合作的失败。新能源汽车研发合作是一种高技术含量的合作，不仅有资本的投入，而且有科学研究上的不确定性风险，承担研究主要责任且能够影响合作结果的合作方就应在利益分配中获得更多的利益补偿。所以，合理的收益分配机制，可以有效维护创新联合体各方的合作创新。

13.4.2 增大政府对研发的投入力度

新能源汽车产业的自主创新离不开政府的大量投入，特别是在基础研究、理论研究等领域，需要政府投入支持才能有效带动企业参与自主创新的积极性。从国际来看，汽车产业是德国、日本、美国、法国等国的重要支柱产业和出口产业，发达国家政府都对汽车产业给予高度重视，特别是近年来，振兴汽车产业已经成为发达国家政府推动经济走出危机的重要选择。政府投入能够帮助新能源汽车企业分散创新成本、降低创新风险，我国新能源汽车企业的规模仍然偏小，创新投入相对有限，更加需要政府在技术创新领域给予支持。如在税收、补贴、创新奖励、产学研结合方面加大财政投入，通过所得税减免、设立自主创新奖励基金、技术人员奖励等方式支持企业自主创新研发活动，为企业自主创新创造良好的政策环境。

13.4.3　加快推动创新联合体的组建

新能源汽车产业已经成为低碳科技创新的重要集成领域,而我国在新能源电池、电子技术等研究领域与国际相比仍有较大差距,这些领域的创新突破需要在政府的积极引导下,创建有效的产学研及上下游产业链合作平台,加快协同创新,推动相关技术的发展。一方面,需要政府协调,通过补贴、经费支持等方式帮助新能源汽车产业开发研究核心技术,完善新能源汽车产业自主创新体系;另一方面,要进一步推动新能源汽车产业的合作,建立创新联合体,共同参与低碳技术的创新建设,分享创新成果。

13.5　本章小结

本章主要通过长安新能源汽车的案例来剖析新能源汽车产业创新联合体的发展模式。本章首先对长安汽车公司背景进行了介绍,然后就长安汽车在新能源汽车业务中存在的问题进行了探讨,并选取长安新能源汽车产业创新联合体的案例数据对其进行算例分析。最后,通过算例结果得到以下实践启示:要建立合理的分配机制,增大政府对研发的投入力度,同时要加快推动创新联合体的组建,鼓励产业链上下游企业积极参与。

第 14 章　低碳科技创新联合体孵化实践
——比亚迪汽车

14.1　背景介绍

比亚迪股份有限公司成立于 1995 年,业务横跨汽车、轨道交通、新能源和电子四大产业,在全球拥有 30 多个生产基地,覆盖全球超过 70 个国家和地区、400 多个城市。比亚迪致力于用技术创新打造环保、高效、先进的交通工具,是我国新能源汽车的领军者,也是世界领先的新能源汽车制造商之一。比亚迪有独立的新能源汽车研发部门,目前有电动汽车、混合动力汽车、燃料电池汽车等多种产品,自 2008 年推出全球首款插电式混合动力车型 F3DM 以来,又陆续推出 e6、秦、唐、宋等多款新能源车型。比亚迪在电池领域具备 100% 自主研发、设计和生产能力,产品已经覆盖消费类 3C 电池、动力电池以及储能电池等领域,并形成了完整的电池产业链。经过多年的核心技术创新,截至 2022 年底,比亚迪公司全球累计申请超 4 万项专利、授权专利超 2.8 万项,研发工程师近 7 万。2022 年比亚迪新能源汽车销量超过 185 万台,同比增长超过 200%,首次超越特斯拉荣获新能源汽车全球销售冠军,同时连续 9 年稳居我国新能源汽车销量第一。

14.2 现状及问题

14.2.1 品牌影响力有待提高

比亚迪从品牌推出之日起,整体的品牌定位就属于比较低端的层级。主要的受众群体和消费者,基本在中产阶级以下,尽管现在比亚迪试图把自己的品牌往中高端上发展,但其品牌在消费者心中的形象仍需要时间来逐渐改变,因为这个"低端车"的标签,已经在很多人心里根深蒂固了。加上比亚迪汽车因电池起火或自燃等问题引发用户和媒体的关注,严重影响其品牌形象。产品的品牌形象就是产品在消费者心中的整体形象,例如法拉利给人的形象是速度与激情;奔驰给人的形象是稳重、乘坐舒适性;宝马给人的形象是动感、具有驾驶的乐趣。相比之下,比亚迪汽车虽售卖已久,但在市场上未能形成一定的品牌形象,消费者对比亚迪汽车的认知度有限。

14.2.2 研发创新难度不断提升

虽然比亚迪有了近20年的技术研发,并做了超前的技术储备(比如2019年研发出基于固态电解质的全固态电池,以及后来研发的轮毂电机和轮边电机等),但是,到目前为止产品生产过程中均未用到,比亚迪研发创新的高端技术并没有与市场需求完全匹配。同时,随着人工智能的发展和智能汽车的兴起,比亚迪需要引入自动驾驶、智能交互等技术,不断优化系统集成和性能,以提高整车的驱动系统、控制系统等的协同作用。为满足消费者越来越高的需求,解决充电慢、电池蓄能不足的问题,比亚迪需要不断改进动力电池和创新充电技术,提高电池的能量密度和充电速度、延长电池寿命并降低成本。为迎合大众审美的不断变化,比亚迪需要在车身材料和设计上不断创新,提升汽车内部空间、降低车身重量。另有,市场上生产制造新能源汽车的企业加大了研发力度,技术更成熟、更节能和更符合消费者需求的新车型不断涌现,比如蔚来汽车ES6、特斯拉Model3、小鹏P7汽车等,会促使一系列新技术的产生,这也增大了比亚迪研发创新的难度。

14.2.3 研发投入费用过高

汽车制造本身是一个门槛较高的行业,具有较高的技术壁垒。全球新能源汽车市场目前仍在快速增长,特别是中国市场,比亚迪为了跟上新能源汽车的发展趋势、保持在市场上的竞争力,致力于研究和开发先进的新能源技术,研发费用开始剧增,比亚迪2018—2022年研发费用与营业收入如表14—1所示。2022年蔚来汽车研发费用108亿元,小鹏汽车研发费用52亿元,理想汽车研发费用67.8亿元,比亚迪汽车研发费用较高。

表 14—1 比亚迪 2018—2022 年研发费用与营业收入的关系

年份	2018	2019	2020	2021	2022
营业收入(亿元)	1 300.55	1 277.39	1 565.98	2 161.42	4 240.61
研发费用(亿元)	49.89	56.29	74.65	79.91	186.54
研发费用/营业收入(%)	3.84	4.41	4.77	3.7	4.4

数据来源:根据网络数据整理得出。

14.3 场景应用

14.3.1 场景描述

比亚迪致力于用技术创新促进人类社会的可持续发展,助力实现"碳达峰、碳中和"目标。对于新能源汽车的研究,比亚迪已与中国科学院联合建立"比亚迪-中国科学院联合实验室""比亚迪-中国科学院联合研究中心"等创新联合体,主要研究新能源汽车、智能汽车等领域的前沿技术。

在上述创新联合体中,比亚迪新能源汽车和学研机构都具有自主创新能力。若比亚迪与学研机构都选择合作创新,则需双方投入总成本4万元,通过合作创新可以获得总创新收益5万元,其中,比亚迪与学研机构收益与投入成本分配比例均为0.6和0.4。由于创新联合体的政策支持,只要比亚迪新能源汽车与学研机构建立了合作关系,政府都必须给予资助1万元,此时比亚迪与学研机构分摊比例为1∶1(即0.5万元与0.5万元)。若政府积极推动双方的合作创新项目,对比亚迪新能源汽车和学研机构双方各给予1万元的经费补贴,此时比亚迪因合作创新新能源汽车需求量增大,获得收益2万元,政府获得政绩汇报1万元。双方合作若有一方违约,需付给对方违约金1.5万元,此时比亚迪和学研机构能分别获得0.5万元、0.5万元的额外收益,政府不会对违约者进行经费补贴,还会处罚1.5万元。

14.3.2 主要参数及模型构建

根据上述场景描述,构建比亚迪新能源汽车的创新联合体合作创新模型,主要参数说明如表14—2所示。

表14—2　　　　　　　　　主要参数说明

符号	意义说明
$W=5$	比亚迪新能源汽车与学研机构合作创新获得的总创新收益为5万元
$C=4$	比亚迪新能源汽车与学研机构合作创新需要的总成本为4万元
$S=1$	政府在比亚迪新能源汽车与学研机构合作创新时给予的固定资金为1万元
$E=2$	比亚迪新能源汽车通过合作创新增加的收益为2万元
$A=1$	政府积极推进创新时给予双方经费补贴为1万元
$R_1=0.5$	合作双方有一方违约时比亚迪新能源汽车的收益为0.5万元
$R_2=0.5$	合作双方有一方违约时学研机构的收益为0.5万元
$R_g=1$	政府积极推动比亚迪新能源汽车与学研机构合作创新的政绩回报为1万元
$D=1.5$	合作双方一方违约赔付另一方的违约金为1.5万元
$F=1.5$	政府对违约方的惩罚为1.5万元
$\alpha=0.6$	比亚迪新能源汽车合作创新的收益分配率为0.6
$\beta=0.6$	比亚迪新能源汽车合作创新的成本分摊率为0.6
$\gamma=0.5$	比亚迪新能源汽车对政府投入的固定资金的分摊率为0.5

构建表14—3所示的比亚迪新能源汽车、学研机构与政府的博弈收益矩阵。

表14—3　　　　　　　　　支付矩阵

企业	学研机构	政府	
		积极推进 z	消极推进 $1-z$
策略选择 x	合作 y	$\alpha W+\gamma S+E+A-\beta C$, $(1-\alpha)W+(1-\gamma)S+A-(1-\beta)C$, R_g-2A-S	$\alpha W+\gamma S+E-\beta C$, $(1-\alpha)W+(1-\gamma)S-(1-\beta)C$, $-S$

续表

企业	学研机构	政府 积极推进 z	政府 消极推进 $1-z$
策略选择 合作 x	违约 $1-y$	$R_1+A+D-C,$ $R_2-D-F,$ $-A+F$	$R_1+D-C,$ $R_2-D,$ 0
策略选择 违约 $1-x$	合作 y	$R_1-D-F,$ $R_2+A+D-C,$ $-A+F$	$R_1-D,$ $R_2+D-C,$ 0
策略选择 违约 $1-x$	违约 $1-y$	$R_1-F, R_2-F, 2F$	$R_1, R_2, 0$

创新联合体下的产学研合作行为决策动态演化过程可以用如下微分方程组成的动态复制系统表示：

$$\begin{cases} \dfrac{dx}{dt}=-x(x-1)[D-C+(A+F)z+(C+E-R_1-\beta C+\gamma S+\alpha W)y] \\ \dfrac{dy}{dt}=-y(y-1)[D-C+(A+F)z+(S-R_2+W-CS+\beta C-\alpha W)x] \\ \dfrac{dz}{dt}=z(z-1)[(A+F)(x+y)-2F-R_g xy] \end{cases}$$

14.3.3 算例分析

将比亚迪新能源汽车创新联合体的运营参数代入函数模型中，并进行算例分析，探索不同参数对企业和学研机构选择合作创新决策的影响。

由图14—1可知，政府对于创新联合体的管理是有明显的推动作用。当企业与学研机构建立合作关系时，增加对双方违约的惩罚力度，企业是趋向于选择合作创新策略的；同时，学研机构趋向于选择合作创新的概率波动也越来越大。

由图14—2可知，随着创新收益的增大，学研机构也更趋向于选择与比亚迪新能源汽车合作创新；当创新收益达到一定量时，学研机构会稳定于选择合作创新。由此可见，学研机构会选择创新前景较好、有较大发展空间的创新项目，新能源汽车无疑是当下较为具有发展前景的领域，也就是说，由比亚迪牵头，是能够促进其与学研机构的合作创新的。

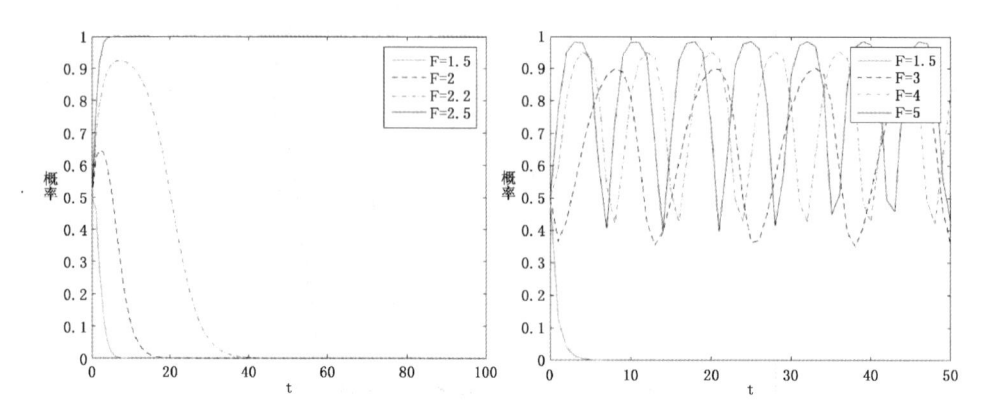

图 14—1 违约惩罚额度对企业、学研机构的影响

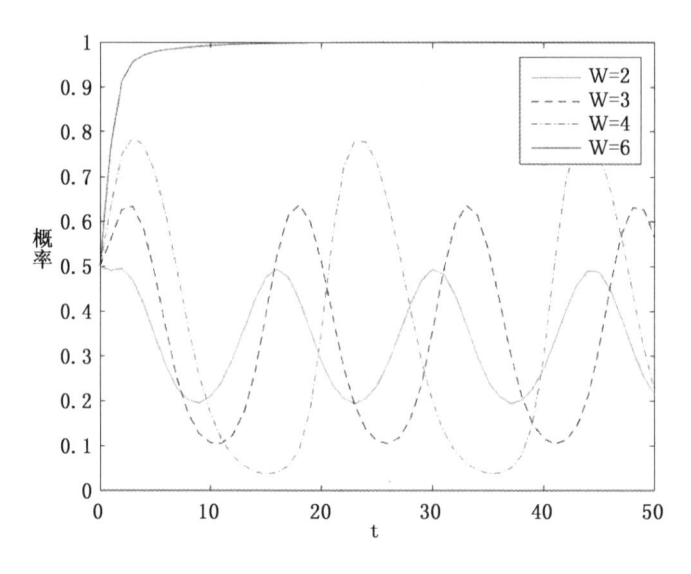

图 14—2 创新收益对学研机构的影响

14.4 实践启示

14.4.1 加强产学研战略合作

全球变暖、化石能源耗竭等世界性生态环境问题不断出现与恶化,致使人们

环保意识逐步增强,新能源汽车产业蓬勃发展,企业间的竞争愈发激烈。新能源汽车的核心技术研发难度较大、费用较高,可通过寻求战略合作伙伴共同研发新技术的方式追求发展机遇。企业与学研机构建立战略合作关系,可共享科技资源、建立联合实验室,降低企业的技术研发投入费用,共同研发核心技术,发挥各自的研发优势,提升企业研发效率、加速创新核心技术。

14.4.2 优化创新联合体的合作环境

在创新联合体管理过程中,首先要明确企业、高校、科研院所等创新主体在产业链和创新链不同环节上的功能定位,完善整个创新联合体的治理体系,包括创新联合体的激励约束机制、风险分摊比率、合作违约机制、沟通协调机制等。企业与学研机构合作创新时,会面临科技创新启动资金、后续投入的分摊问题、研发过程中双方或多方信息沟通问题、创新成果的合理分配问题、领域核心技术保密协议等,因此需要设定产学研各方都能接受的制度体系。在实际运作中,可通过政府力量完善并优化创新联合体的合作环境,助力创新型企业在资源配置中的决定性作用,激发各类创新主体和创新要素的创新活力。

14.4.3 激励领军企业发挥牵头作用

在新时代,科技创新难度不断加强、深度持续加大,关键核心技术的研发往往跨越多个领域,依靠传统的单打独斗、闭门研发方式是难以有创新成果的。为适应科技创新快速变革,我们应组建由领军企业牵头主导的创新联合体,更好地把创新资源要素聚合起来、协同起来,形成最有效的组织模式,助力关键核心技术突破创新。政府通过税收减免、加大研发补贴、发放科技创新券等形式,激发有能力、有担当的龙头企业牵头组建创新联合体。领军企业能够利用自身市场份额较大、研发体系完善、研发资金较为充裕等优势对接学研机构,为其提供研究经费和科技成果转化基地,有效推动学研机构共建创新联合体,并协调各主体在创新联合体中的行为,提高科技创新和科技创新成果转化的效率。

14.5 本章小结

本章主要通过比亚迪新能源汽车的案例来剖析新能源汽车产业创新联合体

的发展模式。首先,本章介绍了比亚迪公司的背景,然后对比亚迪汽车在新能源汽车业务中存在的问题进行探讨,接着选取比亚迪新能源汽车产业创新联合体的案例数据对其进行算例分析。最后,通过算例结果得到如下实践启示:企业可通过加强产学研战略合作减少研发投入,政府可通过优化创新联合体的合作环境、激励领军企业发挥牵头作用加快推动创新联合体的构建,助力科技创新。

第六部分

对策建议

第 15 章　低碳科技创新联合体实施路径与投资策略建议

作为加强企业之间技术研发合作、以领军企业牵头带动产业体系开展低碳科技创新活动的一种行之有效的产学研共建平台,低碳科技创新联合体在全球范围内也在不断发展壮大。目前高耗能行业中的领军企业是进行低碳科技投资的主体与碳减排的主要推动力量,如汽车行业已经开始推行新能源汽车以降低能耗并获得了明显的减排效果与较好的发展前景。本书前面章节对低碳科技创新联合体的组建模式进行了探讨,以低碳科技创新联合体中领军企业为对象构建了无补贴、成本补贴、产品补贴下的高耗能企业低碳科技投资优化模型并进行了不同情境下的演化博弈研究,分析了低碳科技创新联合体中的领军企业进行低碳投资过程中不同因素对投资策略的影响。本书研究发现,碳交易价格、碳税税率、消费者低碳敏感系数、成本补贴比例、产品补贴系数对碳减排率有正向影响,能够有效激励领军企业进行低碳科技投资实现碳减排,带动相关产业及行业开展低碳科技创新,推动低碳科技协同创新。同时,本书运用新能源汽车案例验证了低碳科技创新联合体组建的必要性与成效。在此基础上,本章拟重点探讨低碳科技创新联合体的实施路径与投资策略,提出低碳科技创新联合体的实施与运作的可供参考的路径选择与培育政策,并对低碳科技创新联合体进行低碳科技投资的优化策略提出建议。

15.1 低碳科技创新联合体的实施路径

15.1.1 营造低碳科技创新化环境,强化领军企业引领示范性

1. 整合政策规制,形成低碳创新政策体系

低碳科技创新联合体各相关主体要结合技术创新与技术创新政策,以政策治理工具推动技术创新发展、实施技术创新突破;在不同的低碳目标领域,根据该领域的发展阶段特性,采取相适应的控源型、增汇型、调控型、市场型政策工具,对各领域内创新企业规模、重大核心技术攻关难度、资金支持额度、现有产学研联合体合作模式及规模进行综合评估,制定分级扶持政策,设立专项资金,结合城市规划发布战略性项目;联合金融机构设立不同水平的绿色投资信贷,政策倾斜,促使现有产业联盟向低碳科技创新联合体进行转型;激励大型企业、民营高科技企业积极主动组建低碳科技创新联合体,促进低碳科技创新的深度交流与技术启发,加强联合体内的低碳科技专利成果利用以及成果转化,加快行业低碳化进程,形成示范作用。

2. 发挥政府投资撬动作用,聚合创新资源

政府部门设立专项引导资金与产业资金。专项资金要结合政策偏向引导有能力有担当的大型央企发挥自主能动性进行节能降碳减碳科技创新项目立项,承担技术攻关任务。要建立低碳科技创新智库,借助低碳科技创新联合体模式,加快实验室技术产业化进程提升产业低碳技术创新水平,增进企业与科研团队沟通合作。同时,还需更新供需意向,拓宽企业自有科研团队视域局限,实现现有优势资源聚集,合力为关键核心技术攻关提供更多解决办法。在推动组建低碳科技创新联合体的同时,要完善低碳技术创新与转让以及知识产权保护制度,使低碳创新技术发展的同时得到应有的技术创新保护,以便于后续低碳创新技术的规范化与标准化体系建设,保障实施效果与创新活力。

3. 强化企业主体作用,领军企业积极开拓新道路

作为行业领军企业,大型央企的协同创新能力和低碳创新意愿对于行业整体低碳发展起着启发性作用。应以大型央企"一企一策"的碳达峰行动方案结合

低碳科技创新实现企业产业绿色低碳化转型,为行业低碳转型提供范本,以牵头组建低碳科技创新联合体的方式,吸纳一批有创新实力与发展潜力的联盟企业,逐步构建行业低碳化水平评估标准,组建核心技术攻关团队,提高行业低碳水平下限,培育超级能效工厂。在低碳科技创新成果转化之外,还应丰富低碳化路径,实现不同企业适配的低碳转型方案提供。

4. 弹性考核评估体系,激发科技创新活力

要制定结合项目特色的弹性考核评估体系。低碳科技创新项目具有长期性、全局性、回报周期长、创新风险大等特点。不同于以往的产学研联盟的组织与评估模式,低碳科技创新联合体更强调核心企业的主体地位,因此应以减污降碳前沿核心技术攻关为主要目的,通过政府部门联手主体企业共担创新风险,降低核心企业因低碳技术创新可能面临的风险损耗、外部干扰与创新成本过高负担。此外,还应优化利益分配机制,细化低碳投资价值区间,与相关部门建立及时反馈通道,及时沟通及时调整,保持技术创新过程的连贯性与持续性,做到阶段性评估与结果评估相结合。

15.1.2　构建低碳科技创新格局,助力能源体系转型与优化

1. 战略项目牵引,指导产业低碳转型

低碳科技创新联合体应以重大战略性项目为牵引,加深民营企业与国家实验室、研发中心、高校科创中心交流合作。要合力加速实验室低碳创新理论、低碳技术、无碳技术投入实际生产应用进程,在低碳科技创新项目落地的同时,完成企业低碳零碳园区建设。要利用政策工具和绿色金融信贷产品有效缩短企业低碳转型阵痛期,激励专精特新企业在产业链、创新链上释放新动能。鼓励中央企业、行业龙头企业加强对民营企业低碳创新技术、新产品的应用,引导民营企业参与重大项目供应链建设。在稳定产业链供应链相关项目招投标中,要对低碳科技创新联合体给予倾斜,鼓励民营企业参与低碳科技创新联合体组建。

2. 减碳技术创新,进一步提升非化石能源比例

在新能源、生物医药、人工智能、量子信息等领域发挥上海国际科创中心示范作用,以低碳科技创新联合体模式,参与实施节能标准更新升级与非化石能源技术标准修订,研究新能源新材料技术,碳资产碳金融碳普惠试点,形成协同适

配的低碳体系。在新能源汽车、可再生能源、风光发电等领域加快低碳技术创新，取得更多突破性进展，推广"光伏+"应用范围，建立多元氢能产业供给体系，在公交和环卫等领域开展氢燃料电池示范应用，适度超前布局配套基础设施。

3. 凝聚创新合力，撬动社会创新资源

充分利用社会创新资源是推进低碳科技创新的关键，需要从广度和深度两个方面加以实现。从广度上来说，推进低碳科技创新，首先，必须加强创新教育和培训，提高广大人民群众创新意识和能力，拓宽人才培养渠道和途径，吸引更多人才参与到社会创新和低碳科技创新中来。其次，要突出低碳科技创新领域的重点，集中国家和社会资源，加大对关键核心技术研发的支持力度，并鼓励企业和研究机构在新能源、节能环保、智能化等方面加大创新投入，推动技术的快速发展和应用。再次，要加强企业、高校、科研院所之间的合作，形成互补性强、资源共享、优势互补、共同创新的协同发展格局，促进技术创新和转化。从深度上来说，首先，要推进低碳科技创新的理论和方法研究，深化低碳技术的应用和创新，推进创新理论领域的深度发展。其次，要推动低碳经济体系重构。低碳经济体系重构，需要发挥市场力量和政府作用，加快产业转型升级和企业转型升级，推进城市低碳化建设和乡村低碳化发展，实现资源的高效利用和环境保护。再次，要发挥低碳技术在能源、工业、交通等领域的支撑作用。要紧密结合行业实际，推动低碳技术在不同领域的应用，提高能源效率、减少碳排放，促进建成低碳、智能、绿色、可循环的产业链条。最后，要推动低碳科技创新与全球治理体系的相互促进。低碳科技创新和全球共治相互促进，探索发展适应全球治理变革的低碳科技创新模式，逐步构建以可持续发展为主导的全球治理体系，推动人类绿色发展。从广度和深度两个层面加强低碳科技创新，构建低碳科技创新新格局，才能更大程度上助力能源体系转型与优化。

4. 低碳科技创新，加速产能融合发展

低碳科技创新和产能融合，首先要加大研发力度，推动核心技术创新。低碳科技创新需要聚焦核心技术，应加大基础研究、应用研究、前瞻性产业技术研发的投入，推动核心技术创新和跨学科的协同创新，以推进产能融合发展，推动低碳科技的广泛应用和创新格局的形成。有利于解决能源和环境问题。通过技术创新和产能融合，可以加速低碳技术的研发和应用，推动低碳技术的应用与推广,促进低碳经济的发展。其次,鼓励跨界、跨领域融合创新。研发人员要有针对性地进行资源的整合和跨界、跨领域合作,并积极开展和产业链上下游协作。要鼓励创新技术和商业模式在多个行业领域转化和应用,以实现低碳产业的集成发展。最后,推进产业组织创新和链条升级。产能融合需要推进产业的组织创新,建立紧密协作的产业链条和生态闭环,整合复杂产品、技术、智力,提升体系优势,促进产业创新和协同发展,建立低碳经济发展的产业体系。只有合力推进低碳科技创新,才能最大限度地促进产能融合发展,助力能源体系转型与优化。

15.1.3 扩大生产链产业链绿色化,增强低碳供应链协同作用

1. 绿色生产链建设,开展环保产业链协同创新

低碳科技创新联合体应以绿色生产为导向,按照资源和能源利用效率最大化、污染物排放最少化、废弃物处理最简化、环境影响最小化、健康与安全最高化等指标,建设绿色生产链,推动整个产业链的转型升级。这一举措的具体内容涉及产品生命周期分析、材料节能减排、工艺绿色化、污染物治理等方案。要建立环保产业链协同创新机制,共同攻克环保行业中的技术瓶颈,推进生产和应用的升级。例如在废弃物、清洁能源、节能技术等领域,推进绿色产业的发展,减少对环境的影响和破坏。

2. 优化绿色产业链整合

联合体成员间可以通过共享信息、资源整合、优势互补等方式建立协作机制,实现绿色产业链的整合。该举措的具体内容包括建立绿色供应商体系、绿色产品推广营销、环保技术共享等,确保整合从供应商、企业、经销商、各类服务企业、终端客户等环节的全产业链资源。

3. 推动绿色优质供应链建设

在供应链建设方面,联合体成员可以共同开发环保产品和绿色材料,推动绿色供应链的建设,并推动相关产业链绿色转型,构建全产业链绿色生态,以降低资源消耗和减少环境污染。

4. 获取绿色金融支持,协同建立绿色产业基金

相关部门要支持绿色生产和绿色转型,通过金融创新等方式,加强对绿色项

目的资金支持,包括建设绿色科技园区、设立绿色发展基金、推广环保创新产品等措施。要建立绿色金融市场,为绿色产业提供便利的融资渠道。可由联合体成员共同出资建立绿色产业基金,通过向绿色产业提供资金支持来促进产业发展。这样的基金可以支持绿色的新创企业,加强科技创新与产业化、国际化协同及资本合作。

15.1.4 构建国际科技合作新格局,健全全产业链条孵化体系

1.秉持开放理念、深化国际合作,抓住世界低碳经济快速发展的机遇是必然选择

低碳科技创新助力构建低碳绿色发展动力集群,通过低碳科技创新的新思维碰撞与经验借鉴,构建开放的创新生态,主动融入全球创新网络,鼓励科研、高校、企业、地方扩大国际交流合作,加深多元科创合作。

2.健全孵化服务机构,转型低碳创新孵化链

建立实体化、市场化、专业化的国际技术转移与孵化服务平台,以低碳科技创新孵化链加速低碳科技产出,并使其成为低碳创新科技联合体的创新补给,加快高能耗企业转型与淘汰。要在联合体内部尝试形成新的合作模式,打造一条从源头控碳到回收再利用的循环服务通路与低碳科技成果孵化体系。要以低碳科技创新联合体的模式,通过低碳技术创新实现彼此之间的优势结合与产业适配,加速低碳科技创新链的成果孵化。

3.开展联合科研和技术转移,强化国际创新战略

通过联合科研,充分利用不同成员单位的技术和资源优势,推动低碳科技成果的快速转化和应用。要通过技术转移,促进成员单位之间的技术交流和产品标准化,打造低碳科技的创新链和产业链,提高联合体的整体竞争力。在全球范围内推行固碳减排、新能源、节能环保等创新领域合作,开展关键技术攻关和技术创新合作,构建更加紧密的国际创新伙伴关系。同时,还要关注和学习国际能源政策和产业发展趋势,强化低碳创新联合体在国际能源政策和标准制定方面的影响和话语权。

4.推进人才培养和知识产权保护,拓展市场推广应用

在低碳科技人才培养方面,应加强成员单位之间的交流和资源共享,建立低

碳科技人才培养和培训体系。在知识产权保护方面，应加强自身知识产权的建设和保护，保障创新成果的产权和经济效益，为联合体的可持续发展提供保障。还须通过推进低碳科技成果的市场拓展和商业应用，探索前沿市场和新兴领域，同时积极参与低碳产业比赛、展览和产业交流等活动，推进低碳技术的普及和应用，提高低碳创新联合体的品牌知名度和市场竞争力。

15.2 低碳科技创新联合体的培育政策

低碳科技创新联合体的成员应各司其职，原则上应做到"三个坚持"。一是坚持未来产业定位，明确研发方向。研究方向应与国家战略发展方向和企业技术需求保持高度一致，杜绝"为了成立而成立""重量不保质"等现象。二是坚持牵头企业发挥主导作用。要将技术整合能力强、创新意识强、创新资源雄厚作为筛选牵头企业的标准，兼顾国有企业与民营企业。三是坚持政府引导，尊重市场规律。政府应发挥引导作用，确保研发工作按既定目标进行，保障权责落实，为联合体提供必要的资本、人才、技术等要素支持，帮助协调、解决各类难题。要严控干预程度，平衡政策支持与市场竞争间的关系。

15.2.1 从政府视角

1. 做好顶层设计，支撑国家战略布局

低碳科技创新联合体主要围绕涉及产业发展、战略布局的重点领域，促进各类创新要素集聚，强化国家战略科技力量，主要目标是突破支撑国家战略发展的关键核心技术，增加国家在相关领域的核心竞争力，提前布局未来产业的战略优势和主动权。要综合考虑产业链基础、领军企业和创新资源等方面优势，不断优化迭代组建、遴选联合体，以及任务承担方式等，探索适合不同任务类型的多元化企业创新联合体模式。多层次、多方位开展前瞻性调查研究，做好低碳科技发展重大战略部署，积极推进构建科技创新发展新体系，实时分析低碳科技创新项目实施情况，不断提高动态管理水平，避免出现低碳科技创新的断层情况。

2. 机制探索与制度改革并行，积极推动制定适应创新联合体长期稳定发展的政策体系在项目确立方面,既要充分利用"揭榜挂帅"制度,由国家发榜并筛选协调揭榜单位构建联合体,又要鼓励各企业牵头组建的联合体申请政府配套支持。在政府资金投入方面,转变单一"拨"的模式,引入"贷""投""贴"等模式,撬动资本市场各要素向创新联合体汇聚,制定资金投入标准评价体系,"一体一议"科学确定政府资金投入形式和数额。在激发企业积极性方面,制定相关优惠政策,对联合体通过产品销售和技术转让等获得的收入给予一定税收补贴,支持民企深度参与或牵头低碳创新重大项目,推动形成战略利益高度一致的强协同、弱耦合的低碳科技创新联合体。通过完善创新政策,加强服务供给,激发创新创业活力,引导民企加大研发投入,完善低碳科技创新体系。在评价体系建设方面,围绕"以结果为导向"建立开放包容的考核评价体系,建立合理的奖惩机制,激励联合体高质高效发展,将项目考核的时间线拉长,才能更好地激励更多的企业联合体"揭榜攻关"。在资金监管方面,秉承包容审慎的态度,在可控范围内引入容错纠错机制,充分释放联合体的活力,建立服务信息平台,强化联合体运行数据动态监测。

3. 充分发挥市场机制作用,持续提升政府引导和协调能力

政府在创新联合体中发挥重大创新组织者的作用,以国家战略需求为牵引,明确重点领域和方向布局,引导社会资本、市场机构参与,广泛调动各类科研团队和创新平台资源加入,形成网络式科研组织模式,带动相关知识、技术的转移、扩散和产业化发展。一是要发挥国家科技计划项目引导作用,支持联合体研发活动。二是要协助各创新主体有效沟通,协调各方利益,解决创新链上的各类堵点,深入支持民企广泛参与央企、国企、重点高校与科研院所等共同合作组建的关键核心技术联合攻关项目。三是要协助联合体跨部门跨地域配置创新资源,指导同领域内的联合体做好领域细分和重点区分,避免创新资源浪费。

4. 遵循市场机制,构建各方利益共同驱动的生产函数

创新联合体在政府引导下充分发挥市场机制,以技术、人才、资本等创新要素为纽带,通过签署契约等市场化机制和决策管理运作机制,形成多方参与、共同投入以及紧密利益捆绑机制,明确企业联合体的定位、类型、模式等,使得创新联合体稳定可持续发展。可探索会员制、股份制、协议制等多种方式,多渠道吸引企业、金融与社会资本、高校院所等加大参与力度的同时,围绕促进科研机构

等不同创新主体作用发挥,在体制机制、结构布局、评价导向等方面加强系统设计,创新机构编制管理方式,通过市场化手段调动各类创新主体和人才的积极性、主动性、创造性,提高创新活动的协调集成能力。

15.2.2 从企业视角

1. 明确定位,充分发挥领军企业市场优势作用

领军企业牵头参与,利用其在技术、产业标准、市场占有率等方面的优势,引领和带动产业链上下游企业及创新链上下游主体协同创新。政府有必要通过相关立法、政策手段、监督监管为其保驾护航并规范行为。

2. 发挥创新领军企业的牵头组织和凝聚作用

如中国电子科技集团牵头的核心电子元器件创新联合体、中国钢研科技集团牵头的高端金属材料创新联合体等,分别在各自领域承担十几项乃至上百项攻关任务,以 2~3 年内可突破型任务为主,联合其他中央企业构建起"用户—研发—生产—供应"的内部循环创新链条,开展"卡脖子"技术联合攻关研发与创新活动。

3. 探索出体系化联合体组织模式

以国家发展战略指导以及产业特性为背景,结合企业自身的行业定位与拥有的技术专利情况,考虑可实现的低碳科技创新路径,借助相关支持政策与协调合作模式与高校或科研院所达成以创新联合体组织模式为基础,针对行业高能耗高污染环节关键减排净化技术,实施低碳科技创新,助力绿色低碳转型,探索产业内体系化低碳科技创新联合体组织模式。如结合上海低碳产业发展现状及低碳化成果,从新能源汽车领域、可再生能源发电入手,实施低碳科技创新联合体建设。以低碳优势企业如上汽集团、寰泰能源、上海重塑能源等牵头组建低碳科技创新联合体,引领行业内部低碳化,加快高能耗企业转型与淘汰。联合体内部要尝试形成新的企业合作模式,打造一条从源头控碳到回收再利用的产品通路,如新能源汽车企业与动力电池回收企业,可再生发电产业与城市充电桩加氢站建设。可以通过低碳科技创新联合体的模式,携手合作通过低碳技术创新实现彼此之间的优势结合与产业适配,实现更好的低碳效果。通过不同类别企业参与组建的低碳科技创新联合体,有针对性地联和高校和科研机构参与,共同攻

关突破核心技术壁垒，提升产品整体性能。要参照政策文件，加强与相关部门沟通，共同优化产品的配套基础设施建设，使得低碳科技创新产物具有更好的适用性与实用性，实现产品产业体系的低碳化。

15.2.3 从高校和科研机构视角

1. 聚焦重点领域形成创新联合体培育库

对涉及国家安全、产业发展、民生保障的战略需求，已在碳纤维及其复合材料、航空智能制造、农作物育种等若干重点领域形成创新联合体培育库，组织有关龙头企业凝练攻关任务，编制联合体组建方案，按照"成熟一个启动一个"的原则先期启动若干创新联合体试点，为后续全面实施积累经验。借力低碳科技领域战略性项目资助，将低碳科技创新优势与产业发展战略紧密结合，强强联合打破关键核心低碳技术垄断，积极探索建立围绕产业关键共性技术，形成常态化合作机制。在创新环境及创新模式推进过程中，重视创新人才培养模式及创新人才选拔标准，综合考虑制定智库人才选拔准则，灵活应对需求与现实情况。切实打通高校院所科技人才融入企业创新链的机制堵点，高校院所要主动进行改革，建立起适应创新联合体发展的体制机制。

2. 聚力推动科研设施与仪器资源开放共享

鼓励高校、科研院所的科研设施与仪器向科技创新企业适度开放，并入网大型仪器设备协作共用网（平台）和中小微企业创新券管理平台，支持中小微企业开展科技创新相关的检测、试验、分析等活动，紧密企业与高校、科研院所的交流合作，互取所长，优势互补。大力推进低碳科技创新建设，有利于打破各专业、学科、区域和单位界限，形成科学合理的协同创新布局，培育多元创新主体，构建一流的学科和团队，建成有利于调动各主体积极性的共建共享共赢平台，最大限度激发创新内生动力以及各级科研机构和高等院校的创新热情。

3. 充分发挥低碳科技创新平台和纽带作用

利用科研机构及高校的创新优势及技术优势，以及在研发模式研发成果方面的在位优势，通过组建多种形式的低碳科技的创新联合体，发挥政府、市场与企业的纽带作用，吸引各类市场主体参与到技术与产品的研发应用中去，打通政策链、创新链与产业链，为行业技术创新进步和产业高质量绿色发展营造良好环境。以创新联合体的模式，依托国家重点实验室、国家重大科研基础设施等资源搭建公共服务平台，科研机构推动创新联合体主体成员共同开展绿色低碳创新的基础前沿和行业共性尖端技术研发，形成低碳科技创新合力，推动创新资源高效配置和系统集成，加快产业共性减污降碳技术研发，切实解决相关方面科技力量自成体系、分散重复、运行效率不高等问题。

15.3 低碳科技创新联合体的投资策略建议

15.3.1 突出未来发展趋势，完善碳交易市场运作机制

低碳科技创新联合体的投资策略要紧紧围绕未来的市场需求和发展趋势，注重"赛道"选择，从节能、强化绿色发展、智能制造、新能源、智慧城市等方面入手，结合国家政策和社会需求，聚焦领域前沿和核心技术，着眼于长期可持续发展。在低碳科技创新联合体中，当领军企业分配的碳配额较多时，企业只需从碳交易市场上购买较少的碳排放权，与投资低碳科技的成本支出相比，购买碳配额支出的成本较小，此时企业不愿意投资低碳科技。当企业分配的碳配额较少时，购买碳配额的成本支出大于投资低碳科技的成本，此时企业投资低碳科技的积极性提高。

1. 充分利用碳减排权的价格

由于碳排放权价格与企业减排率和利润呈正相关关系，投资者可以考虑在购买碳减排权的同时进行资本投资，以获得双重收益。

2. 制定合理的碳配额分配制度，完善碳交易价格形成机制

采取多元化碳配额发放方式，完善碳交易价格形成机制，控制碳价下限，增加碳交易平台的透明度，让企业实时掌握碳配额与碳价信息，减少因信息不对称造成的暗箱操作等问题。同时结合我国碳减排目标，切实发挥碳价在调节低碳科技投资方面的作用，降低领军企业低碳科技投资风险。总之，在投资绿色低碳产业时，可以充分利用碳减排权的价格，重视消费者对低碳水平的敏感度，并利用政策优惠。除此以外，还要优先考虑产品补贴效果，并与企业合作采用成本补贴和产品补贴的方式，以实现双赢的局面。通过完善的碳交易制度提高低碳科

技投资投入量与吸引力。

15.3.2 加强产业整合，突出消费者低碳水平敏感系数

针对低碳科技创新联合体的投资策略，需要加强产业整合，结合区域优势和现有资源，集中整合创新资源，巩固核心技术，组建专注于低碳领域的创新平台，从而实现资源优化配置和协同创新。消费者低碳水平敏感系数可以揭示消费者对绿色低碳的需求，低碳科技创新联合体应当根据消费者需求的特点，有针对性地投资低碳科技技术与目标产品产出，满足消费者的需求，促进低碳经济转型与产业升级。

1. 投资绿色低碳科技创新项目

消费者对低碳水平的敏感度与碳减排率和领军企业利润呈正相关关系。因此，在投资低碳科技创新项目时，应优先考虑满足消费者需求的项目。

2. 创造低碳投资环境

建立有绿色低碳形象的品牌，以吸引更多消费者购买绿色低碳产品。鼓励企业开展低碳宣传，企业应该加强对绿色低碳理念的倡导，提高消费者的低碳认知度，培养消费者的低碳产品消费偏好，从而增加低碳产品的市场需求，创造低碳投资环境。

3. 制定科学投资方向，优化产品供应链

组建专业的投资团队，共同研究创新方向，进行投资决策和风险控制，建立低碳科技创新的标准和价值评估体系，并构建以合作开发和项目推广为基础的合作伙伴关系，以提高联合体的产出水平。同时在低碳科技产业链中建立整合性的供应链和贸易体系，以支持消费者对低碳产品的需求，在服务消费者与市场需求过程中，制定前瞻性的投资策略，完成产业转型。

4. 创新营销方式

在低碳科技创新项目的营销和推广方面，需要创新营销方式。例如，可以利用社交媒体、宣传视频、现场展览等方式，积极宣传碳减排理念知识，培养消费者低碳环保意识，让消费者更加了解绿色低碳产品，提高产品的认知和信任度，扩大低碳科技投资产出市场，促进低碳科技投资产出落实，形成低碳科技投资到产出的良性闭环。

15.3.3 加大财政政策支持力度,减轻企业低碳科技投资压力

低碳科技创新联合体还应充分利用组成主体的多元化特性,与政府部门和同行业企业建立紧密合作,分享信息和市场机会,分享创新科技成果,共同致力于推进低碳发展。对于领军企业来说,无论是对现有高碳排放设备进行清洁改造,还是引进新设备,采用清洁能源,都需要较大的资金投入。因此,政府在企业投资低碳科技的过程中要给予积极的引导,为企业提供低碳科技投资资金支持,减缓企业资金压力。为此,政府要扩大财政支持范围,将 CCS 项目、新能源项目等纳入补贴范围,灵活运用一次性补贴、税收优惠等政策为企业提供资金,加快低碳科技的使用和碳减排进程。由于六大高耗能行业的产品不同,生产过程也不一致,低碳科技也有较大的差别,因此,政府应该在充分调研各行业技术水平的基础上,根据行业发展及相应的低碳科技特点制定设置差异化的补贴策略。

15.3.4 推出碳排放权贸易项目

由于已知碳排放权价格与碳减排率、领军企业利润呈正相关关系,所以低碳科技创新联合体可以推出碳排放权贸易项目,提高碳排放权的价格,从而推动绿色低碳产业的发展。

1.投资碳减排技术研发

碳排放权价格与碳减排率呈正相关关系。因此,在推出碳排放权贸易项目时,应该积极地投资碳减排技术研发,尽可能地提高企业的减排率,以获取更多的碳排放权,进而获得更高的利润。

2.优先考虑消费者需求

消费者低碳水平敏感系数与领军企业利润呈正相关关系。在推出碳排放权贸易项目中,应优先考虑那些能够更好地满足消费者低碳需求的产业,以保证项目的市场前景和反应速度。

3.充分利用政策优惠

减排贷款利率折扣、成本补贴和产品补贴都能够提高企业减排率和利润。在推出碳排放权贸易项目时,应详细了解政策优惠,并与企业合作采用成本补贴和产品补贴的方式,以最大限度地提高企业的减排率和利润。

4. 制定完善的碳排放权的交易规则

在推出碳排放权贸易项目时,应制定完善的碳排放权交易规则,保证碳排放权的市场流动性和合理性,并提高市场参与度和投资者的信任度。

15.3.5 构建完善的绿色金融机制,缓解企业资金约束难题

对于低碳科技创新联合体的政府主体,通过提供落实投资策略的有力支撑,缓解资金约束,降低低碳科技创新研发风险。政府要引导金融机构对领军企业的低碳科技项目提供专项绿色金融服务,降低领军企业贷款门槛,加大绿色信贷利率折扣,简化贷款流程,同时给予商业银行等金融机构一定的优惠,提高金融机构为领军企业提供融资服务的积极性,让领军企业与银行等金融机构建立长期持久的合作关系,鼓励企业通过绿色信贷等方式进行融资。还要制定法律法规规范企业以及金融机构的行为,为企业融资提供保障。领军企业则应逐渐改善发展理念,转变发展方式,灵活运用各种融资方式为企业募集资金,不断提升信用评级,采取科学合理的低碳科技投资策略。

15.4 本章小结

本章对低碳科技创新联合体的实施路径、培育政策以及投资策略进行了探讨。对于实施路径设计与低碳创新联合体培育政策支持,本章结合前面研究中的低碳科技创新联合体的组建模式、发展现状、主体构成、环境政策支撑、碳排放率影响因素几个方面,从政策工具、创新格局、产能融合、孵化体系展开路径设计,从政府、企业、高校和科研机构三个视角提出培育政策,支撑低碳科技创新联合体制定并实施投资策略,保障低碳科技投资从投入到产出的良性运转。在投资策略建议方面,本章基于低碳科技创新联合体多元化组成主体的不同视角,提出了侧重点不同的策略制定与实施的建议,同时还提出了聚焦未来发展方向、调整产业整合与消费需求、推出碳排放交易机制与项目、强化政策与金融支持等投资策略建议。

第 16 章 研究总结与展望

碳减排是全球范围内的重要议题。作为实现碳减排的有效途径,低碳科技创新联合体的发展对于推动全球低碳经济的转型具有重要作用。同时,低碳科技创新联合体作为一种新的产业发展模式,可以促进低碳经济发展和推进碳减排,从而实现经济增长与环境保护的双赢。本书结合创新激励理论、低碳经济理论、协同创新理论,运用演化博弈剖析了低碳科技创新联合体的组织模式,探究了碳排放权配额与交易、碳税、消费者低碳偏好、碳减排补贴、融资模式五种因素对企业低碳科技创新联合体投资的影响以及在不同情境下的作用效果,并结合相关研究结果以及现实中低碳科技创新联合体孵化实践,提出了相应的路径、对策及相应的政策保障。本章重点探讨低碳科技创新联合体组织模式与投资策略的结论与展望,分析本研究的不足之处,并提出展望与改进方向。

16.1 研究总结

16.1.1 低碳科技创新联合体的组织模式与投资研发模式优化

其一,低碳科技创新联合体应根据项目需求、成员参与意愿和专业能力进行合作模式选择。绝大多数联合体在实践中往往会采取不同模式的组合形式来实现长期创新目标。对契约型组织模式、股权型组织模式、功能型组织模式、研发型组织模式等组织模式可据现实情境与长期发展需求,灵活组合,形成不同组织模式的优势互补。通过采取适配的组织模式,形成科技创新上下游联动的一体化创新和全产业链协同技术发展模式，形成多元创新投入多主体参与的区域协同合作格局。组建低碳科技创新联合体的过程中，聚焦低碳关键技术联合攻关，带动技术、人才、产业园区、资金一体化配置，重点发展新能源动力电池、氢燃料电池、集成式驱动电机电控、新一代储能、制氢、氢燃料电池等技术联合研发攻关，加速建成跨区域协同发展的全链条自主配套产业体系。其次，做好合作伙伴的筛选和管理，进行资源整合和专业技能互补，形成优势互补和风险分担的良性循环，注重技术储备和创新能力的提升。对于中小企业参与的联合体，可以通过各种方式扶持技术研发，并建立技术储备和技术创新体系；在联合体实施过程中，协调多元化各方面资源投入，例如人力、物力、资金等，并建立风险共担机制，实现创新成果的共享和收益分配；根据市场需求和创新强度灵活调整合作模式，推动科技创新的市场应用和商业落地。

其二，考虑低碳技术对政府政策、多元资本的高度依赖，注重新兴绿色低碳技术创新与研发动态，超前部署具有产业变革趋势的战略先导和交叉前沿研究项目，与高校、研究机构和其他企业等开展合作，实现技术创新和共同攻关，提高技术水平和产品竞争力；投资研发和应用低碳工艺技术，减少原料和能源的消耗，提高资源的利用效率，降低企业的生产成本；开展清洁能源投资项目，如可再生能源项目、高效能源转换系统项目等，同时投资环保技术，实现排放循环和减少工业污染的目的；不断地探索低碳科技行业升级的方向，引领产业发展，促进绿色低碳重要领域关键标准形成。

16.1.2 低碳科技创新联合体的孵化实践启示

1. 充分发挥各方优势，加强协同创新

在联合体的孵化实践中，随着产业链拉长，"网状生态"格局将持续加深，多元、协同、互补、融合等发展特点将更加凸显。产业的共性技术和交叉难点还有很多不确定性，单靠某一企业的一己之力很难突破现有的局面。蔚来、长安以及比亚迪各自拥有自己的创新管理体系和优秀的科研团队，通过充分发挥各自的优势，积极寻求优势互补的合作伙伴企业组建创新联合体，在技术研发、市场调研、资源整合等方面与其联合体成员实现紧密协作，可以提高创新成果的质量和效率。因此，低碳科技创新联合体的成功孵化需要不同企业之间的协同创新。

2. 革新孵化模式，加速科技成果转化

低碳科技创新联合体的孵化实践中，蔚来、长安以及比亚迪采用了共享实验室、联合研发、专项基金等多种创新孵化模式，引进高端人才并加速科技成果转化。因此，低碳科技创新联合体的孵化实践需要不断革新孵化模式，加快技术成果的应用和转化。

3. 引入多元化投资，推进企业生态发展

在低碳科技创新联合体的孵化实践中，蔚来、长安以及比亚迪将合资公司作为孵化实践的主要载体，同时引入了多元化的投资，推进企业的生态发展。因此，低碳科技创新联合体的成功孵化需要引入多元化的投资，推动企业在技术研发和市场拓展等方面获得更多的资源和支持，实现创新成果的最大化。

4. 建立合理的分配机制与风险共担机制，增大政府对研发的投入力度

要合理分配低碳科技创新产出权益。创新联合体中的各企业应该在入股时就明确约定好其所参与的项目对应的创新产出权益，再在项目创新成果实现后按照约定的权益比例进行分配，激励参与创新的企业积极投入，同时增大联合体成员之间的互信。各成员通过协商制定风险共担机制，合理分摊风险，建立统一的风险金账户，各企业按照自身投入资金的比例来分割优化，减少产生纷争的可能性，从而提高创新合作的效率和效果。政府激励低碳科技创新联合体组建运行，增大投入力度，一方面，可以从加强科技创新政策的设计和实施，提高政策的效率和对企业的支持力度，同时扩大政策的覆盖范围，包括财政补贴、税收优惠、创新基金等。另一方面，可以出资搭建创新研发平台，为企业提供免费的技术服务和智力支持，帮助企业降低技术研发成本，提高创新效率。要打造一个共享资源的生态系统，帮助企业充分利用各种资源，推动创新发展。为保障企业的知识产权，加大知识产权保护力度，在法律、政策、技术等多个方面为企业提供扶持科技创新转化基金，推动科技成果转化和市场化应用，同时组织专业技术团队，协助企业开展创新成果推广营销，助力企业实现科技创新转化。

16.1.3 低碳科技联合体领军企业的投资策略优化

其一，在无融资、外部融资以及内部融资三种融资模式以及无补贴、成本补贴与产品补贴三种补贴模式组成的九种投资策略组合下，碳交易价格、碳税税

率、消费者低碳敏感系数、成本补贴比例、产品补贴系数的变动方向一致，这些参数的增加，均可导致碳减排率的提高。针对碳排放权价格来说，由于碳排放权价格增加，碳减排量将增加，一方面，企业在碳交易市场上出售多余碳配额将给企业带来额外收益；另一方面，随着碳减排量的增加，具有消费低碳偏好的消费将增加低碳产品的需求量，产品销售收入增加，因而领军企业的利润升高。消费者低碳敏感系数的提高增加了产品的销量，进而增加了企业产品销售收入，成本补贴比例、产品补贴系数的提高降低了领军企业的投资成本，因此，领军企业的利润随着这些参数的增加而增加。碳税作为一种惩罚性措施，与上述碳减排因素呈现相反的作用机制，随着碳税税率的升高，企业所需缴纳的碳税越多，企业成本升高，导致企业利润呈现下降趋势。

其二，从政府补贴效果来看，与无补贴相比，成本补贴与产品补贴下碳减排率、领军企业利润与零售商利润均高于无补贴的状况，政府对碳减排提供补贴，增加了企业资金流入，降低了低碳科技投资成本，企业愿意通过投资低碳科技的形式来降低碳排放量，因此，政府提供补贴时，领军企业碳减排率与利润均呈现上升趋势。政府的补贴策略有利于领军企业投资低碳科技对现有生产制造流程进行改造，一方面，减少了碳排放量，保护了生态环境，获得了较好的环境效益；另一方面，增加了企业的利润，获得了较好的经济效益。从模型分析与仿真结果来看，当产品补贴与成本补贴比例相同时，产品补贴下碳减排率与企业利润均高于成本补贴策略，因此，政府应灵活运用产品补贴策略来提高领军企业低碳科技投资积极性。

其三，从融资效果来看，当领军企业选择银行融资时，在绿色信贷政策的支持下，针对碳减排贷款，商业银行提供一定的贷款利率折扣，贷款利率折扣越大，对企业的激励作用越强，由于投资低碳科技付出的成本越少，产品碳减排率和领军企业的利润均随着贷款利率折扣的增加而升高；当领军企业选择零售商融资时，领军企业的利润随着还款利率的提高而降低，投资的低碳科技水平越高，付出的投资成本越高，偿还利息也越高。因此，企业为了保证一定的利润收入，不会盲目选择高碳减排科技水平，而会根据企业具体情况灵活选择贷款额度。

16.2 研究展望

低碳科技创新联合体在未来的发展中将越来越重要。联合体可以帮助企业共同分享创新成果,平摊投资成本,降低风险,提高创新效率,进而推动低碳经济的发展。本书以低碳科技创新联合体为研究对象,探讨了低碳科技创新联合体的组织模式、运行机制、研发模式、投资研发策略、投资激励策略以及低碳科技创新联合体的孵化实践和路径对策,为低碳产业发展与协作模式提供了新思路和新方法。在未来可以考虑从下列几个方面进一步深入研究:

首先,应对低碳产业发展进行更加深入的探索,不断完善政策,提供更多的支持和资金保障,促进低碳技术的创新和产业的快速发展。加强碳排放权的管理和市场化交易,推动碳税政策的进一步完善,增强企业的环保责任意识,促进低碳产业的可持续发展。

其次,应优化低碳科技创新联合体的组织机制与评估机制,探索低碳科技创新联合体的更多元更稳健的组织模式,借鉴其他领域的成功经验,并在实践中总结成功的经验和不足之处,进一步完善联合体的组织结构和运营机制。针对联合体存在的问题,可以通过共同承担风险、加强知识共享等方式,提高联合体的效益和协同性。强调低碳科技创新联合体需要建立科学的评估机制,以评估其创新效益和经济效益。同时,在推进低碳经济发展的过程中,应该注重相关领域的国际合作。

再次,应深入研究成本补贴和产品补贴的作用和效果,在实践中选择更加适宜企业需求的补贴方式,提高企业的减排意识和能力,促进低碳产业的发展。针对不同的产业和企业,应该更加精准地制定补贴政策,完善创新联合体专项资助政策,给予其财政科技经费使用自主权,赋予领军型企业在低碳创新联合体中的项目自主权,提高政策的针对性和有效性。

最后,针对市场需求和消费者偏好,应继续深入研究市场需求曲线和消费者低碳影响因子,建立面向市场的创新需求评估机制,重视对低碳科技创新的升级和扩展,调整合作成员,提高成员之间的协作效率。要打造优势发展环境,加强企业低碳技术的研发和推广,提高电动汽车、清洁能源等低碳产品的市场占有率,吸引创投基金、绿色发展基金、产业基金等社会资本参与,助推低碳产业的快速发展。

由于低碳科技创新联合体的组织模式与投资策略研究中不确定性因素多,本书的研究仍然存在着以下不足:其一,本书提出的低碳科技创新联合体的组建模式以及投资模式在未来可以进一步打破边界限制,研究跨领域、跨行业和跨国家的组建模式,更加注重投资环境和社会效益的平衡。另外,本书实际孵化案例主要选取的是新能源汽车产业,对于组建与投资模式实际中的适用性和指导性需要一定的适配调整措施。其二,本书在低碳科技创新联合体投资策略研究中只考虑了单个领军企业和单个零售商组成的供应链系统,在实际运行过程中,存在多领军企业和多零售商组成的更复杂的供应链系统,因此,实现多主体下的供应链均衡是我们下一步的研究方向。其三,本书只考虑了分散决策下的领军企业的最优行为,没有考虑上下游企业的合作,比如成本分担契约、收益共享契约等单一契约以及"成本分担+收益共享"组合契约等契约形式下的供应链协调方式。在以后的研究中,可以通过构建契约方式得出企业的最优投资策略。其四,本书假设领军企业的产量与零售商的需求量一致,未考虑领军企业产量过剩或者产量不足的情况。在后续研究中,可以以市场需求为基础,分别研究领军企业产量充足与不足两种情况下的供应链协调。

16.3 本章小结

本章在前面章节的基础上,从协同创新视角,结合创新激励以及演化博弈理论,建立了优化模型并以实际案例进行验证,得出了低碳科技创新联合体在组建模式、投资研发策略以及孵化实践中的结论与启示,提出了优化方向并进行了展望。在结论与展望中,主要针对提高低碳科技创新联合体组织模式的适配程度、优化风险利益共担机制提出优化建议,对低碳科技创新联合体中领军企业在政府补贴、融资模式、资金约束三种情景的不同组合下的投资研发策略得出结论,总结了在不同策略模式下的企业利润与碳减排率变化情况以及对应激励策略,希望能有效提升低碳科技创新联合体的高碳减排科技水平与联合体低碳科技投资效率。

参考文献

[1]郭菊娥,王梦迪,冷奥琳.企业布局搭建创新联合体重塑创新生态的机理与路径研究[J].西安交通大学学报:社会科学版,2022,42(1):76—84.

[2]白京羽,刘中全,王颖婕.基于博弈论的创新联合体动力机制研究[J].科研管理,2020,41(10):105—113.

[3]Joel West,Marcel Bogers. Leveraging External Sources of Innovation: A Review of Research on Open Innovation[J]. Journal of Product Innovation Management,2014,31(4):814—831.

[4]马宗国,丁晨辉.国家自主创新示范区创新生态系统的构建与评价——基于研究联合体视角[J].经济体制改革,2019(6):60—67.

[5]马宗国.开放式创新下研究联合体运行机制研究[J].科技进步与对策,2013,30(4):8—12.

[6]Pirinen,Rauno. Knowledge Transfers between Research Consortium, Higher Education Institution and World of Work[C].//2015 IEEE Global Engineering Education Conference: 2015 IEEE Global Engineering Education Conference (EDUCON),18—20 March 2015, Tallinn,Estonia.:Institute of Electrical and Electronics Engineers,2015:92—101.

[7]尹西明,孙冰梅,袁磊等.科技自立自强视角下企业共建创新联合体的机制研究[J/OL].科学学与科学技术管理:2023,1—20.[2023—08—25].http:/kns.cnki.net/kcms/detail/12.1117.G3.20230613.1808.002.html.

[8]岳颖初,霍国庆.创新联合体利益主体间的利益冲突及博弈研究[J/OL].科学学研究:2023,1—20.[2023—08—25].https://kns.cnki.net/kcms/detail/detail.aspx?FileName=KXYJ20230505002&DbName=CAPJ2023.

[9]操友根,任声策,杜梅.企业牵头创新联合体合作网络研究——以上海市科技进步奖项目为例[J/OL].科技进步与对策:2023,1—10.[2023—08—25].http:/kns.cnki.net/kcms/detail/42.1224.g3.20230307.1551.004.html.

[10]高茜滢,吴慈生,王琦.基于合作竞争与协同创新的创新联合体研究[J].中国软科学,2022(11):155—164.

[11]李亚兵,游肖迪,赵振.创新联合体关系嵌入对中小企业创新能力的影响[J].华东经济管理,2022,36(10):120—128.

[12]周岩,赵希男,冯超.基于横纵技术溢出的创新联合体合作研发博弈分析[J].科技管理研究,2021,41(17):57—68.

[13]黄音,毛莉莎,庞燕等.基于数字孪生技术的校企合作实践教学创新模式研究[J].高等工程教育研究,2021(4):105—110,117.

[14]赵程程.基于专利信息的人工智能技术创新网络图谱研究[J].中国科技论坛,2021(4):12—22,54.

[15]沈映春,廖舫仪.人工智能产业产学研合作申请专利超网络模型研究——以北京为例[J].产业经济评论,2021(6):68—81.

[16]宋凯.基于专利计量的校企合作伙伴选择方法——以人工智能领域为例[J].图书馆论坛,2021,41(11):19—27.

[17]张仁开.上海支持企业牵头组建创新联合体的思路及建议[J].科技中国,2022(5):12—16.

[18]张道潘,沈佳.组织邻近、知识转移、大数据采纳与产学研合作创新绩效:基于被调节的中介模型检验[J].上海对外经贸大学学报,2019,26(6):49—58.

[19]杨晓琼.大数据时代高校数据素养教育的合作路径[J].情报资料工作,2015(3):98—102.

[20]陈怀平,金栋昌.基于大数据时代的公共信息服务政企合作路径分析[J].图书馆工作与研究,2014(8):9—13.

[21]Li C. Study on Construction of Practical Teaching System for English Major of Applied Colleges[P]. Proceedings of the 2016 4th International Education, Economics, Social Science, Arts, Sports and Management Engineering Conference (IEESASM 2016), 2016.

[22]焦媛媛,沈志锋,胡琴.不同主导权下战略性新兴产业协同创新网络合作关系研究——以我国物联网产业为例[J].研究与发展管理,2015,27(4):60—74.

[23]李瑜芳.物联网产业背景下闽台高校合作新取向[J].福州大学学报:哲学社会科学版,2013,27(2):108—112.

[24]杨莉,程书红.构建校企联盟合作模式的探索——以重庆城市管理职业学院物联网应用技术专业为例[J].中国成人教育,2012(6):49—50.

[25]苏屹,曹铮.新能源汽车协同创新网络结构及影响因素研究[J].科学学研究,2022,

40(6):1128—1142.

[26]武健,曹丽霞,黄琪华等."互联网＋"背景下再生资源产业协同创新三方演化博弈研究[J].中国软科学,2021(12):175—186.

[27]侯光明,景睿,石秀.中国新能源汽车企业协同创新模式的创新绩效及作用路径研究[J].技术经济,2021,40(11):13—22.

[28]沈世铭,许睿,陈非儿.中国绿色科技创新对碳排放强度的影响研究[J].技术经济与管理研究,2023(5):28—34.

[29]周利梅,王珍珍."双碳"战略下中国区域科技创新研究[J].经济研究参考,2023(3):56—66.

[30]徐淑琴.低碳背景下企业经济管理的绿色创新发展探讨[J].全国流通经济,2023(1):72—75.

[31]吴晓波.科技创新助力能源绿色低碳转型探究[J].皮革制作与环保科技,2022,3(21):151—153.

[32]张薇,公丕芹.绿色低碳技术创新发展现状与路径研究[J].中国能源,2022,44(12):43—49.

[33]牛宝春,崔光莲,张喜玲.科技创新对低碳经济的影响研究——基于省际面板数据的实证分析[J].技术经济与管理研究,2022(1):43—48.

[34]姜仁良.基于低碳科技创新的生态产业竞争力提升机制[J].科技管理研究,2018,38(13):190—194.

[35]喻蕾.低碳科技发展与区域政策创新研究[J].求索,2017(3):136—140.

[36]李勤国.低碳科技创新的政策支持[J].开放导报,2016(6):66—69.

[37]崔和瑞,王欢歌.产学研低碳技术协同创新演化博弈研究[J].科技管理研究,2019,39(2):224—232.

[38]朱莹,朱怀念,方小林.基于随机微分博弈的低碳供应链协同技术创新[J].企业经济,2017,36(2):29—36.

[39]杨洁.区域低碳产业协同创新体系形成机理及实现路径研究[J].科技进步与对策,2014,31(4):26—29.

[40]高鹤,杜兴翠.区域低碳创新系统的架构及协同机制[J].中国人口·资源与环境,2016,26(S2):1—4.

[41]甘志霞,白雪,冯钰文.基于区域低碳创新系统功能分析框架的京津冀低碳创新协同发展思路[J].环境保护,2016,44(8):57—60.

[42]Faria J,Mixon F,Upadhyaya K. Public Policy and the University-Industry R&D

Nexus[J]. Knowledge Management Research & Practice,2019,17(4):499—506.

[43]Huang Z H,Liao G K,Li Z H. Loaning Scale and Government Subsidy for Promoting Green Innovation[J]. Technological Forecasting and Social Change,2019(144):148—156.

[44]黄卫东,薛殿中,巩永华. 低碳供应链协同技术创新的微分对策模型[J]. 南京邮电大学学报:自然科学版,2015,35(4):15—20.

[45]陆小成. 基于城市绿色转型的企业低碳创新协同模式[J]. 科技进步与对策,2015,32(4):67—71.

[46]余晓钟,辜穗. 跨区域低碳技术协同创新管理机制研究[J]. 科学管理研究,2014,32(6):56—59.

[47]吴伟. 区域低碳技术创新系统协同演化路径[J]. 中国流通经济,2014,28(10):66—73.

[48]袁旭梅,郑翠翠. 基于三方博弈的低碳技术协同创新演化博弈研究[J]. 数学的实践与认识,2022,52(5):31—43.

[49]孙即才,蒋庆哲. 碳达峰碳中和视角下区域协同创新发展研究——新能源开发嵌入区域减排的现实性与策略选择[J]. 学术交流,2022(3):67—77,192.

[50]苏涛永,郁雨竹,潘俊汐. 低碳城市和创新型城市双试点的碳减排效应——基于绿色创新与产业升级的协同视角[J]. 科学学与科学技术管理,2022,43(1):21—37.

[51]肖汉杰,于法稳,唐洪雷,彭定洪,周建华. 低碳环境友好技术政产学研金协同创新演化博弈研究[J]. 运筹与管理,2021,30(10):39—46.

[52]王云珠. "十四五"时期山西可再生能源发展政策研究[J]. 经济问题,2021(8):18—24.

[53]徐建中,赵亚楠,朱晓亚. 基于复杂网络演化博弈的企业低碳创新合作行为网络演化机理研究[J]. 运筹与管理,2019,28(6):70—79.

[54]马忠民,季爱萍. 环境规制视角下促进企业低碳投资决策行为研究[J]. 现代工业经济和信息化,2020,10(9):6—8,35.

[55]程思进,任晓聪. 绿色投资、外商投资与二氧化碳排放——基于动态面板系统GMM与门槛效应分析[J]. 技术经济与管理研究,2022(8):27—32.

[56]肖黎明,李秀清. 绿色证券对企业绿色投资效率的影响——基于六大高耗能行业上市企业的检验[J]. 金融监管研究,2020(12):78—97.

[57]Pan K,He F. Does Public Environmental Attention Improve Green Investment Efficiency? —Based on the Perspective of Environmental Regulation and Environmental Responsibility[J/OL]. Sustainability,2022,14(19):1—21. [2023—7—28]. https://www. mdpi.

com/2071—1050/14/19/12861.

[58]Ji J,Zhang Z,Yang L. Carbon emission reduction decisions in the retail-/dual-channel supply chain with consumers' preference[J]. Journal of Cleaner Production,2017(141):852—867.

[59]Yu W,Liu S,Ding L. Efficiency Evaluation and Selection Strategies for Green Portfolios under Different Risk Appetites[J]. Sustainability,2021,13(4):19—33.

[60]刘家国,赵慧达,李健.基于绿色投资效率的港航供应链投资策略研究[J].中国管理科学,2021,29(11):33—44.

[61]Meng X,Yao Z,Nie J,et al. Low-carbon Product Selection with Carbon Tax and Competition:Effects of the Power Structure[J]. International Journal of Production Economics,2018(200):224—230.

[62]Best R,Burke P J,Jotzo F. Carbon Pricing Efficacy:Cross-Country Evidence[J]. Environ Resource Econ,2020(77):69—94.

[63]Meng Z,Sun H,Liu X. Impact of Green Fiscal Policy on the Investment Efficiency of Renewable Energy Enterprises in China[J]. Environmental Science and Pollution Research,2022,29(50):76216—76234.

[64]郭健,谢萌萌,欧阳伊玲,等.低碳经济下碳捕集与封存项目投资激励机制研究[J].软科学,2018,32(2):55—59.

[65]王立平,丁辉.基于委托-代理关系的低碳技术创新激励机制研究[J].山东大学学报:哲学社会科学版,2015(1):73—80.

[66]魏琦,李林静.碳价格及其波动率能促进中国企业低碳投资吗?[J].中国矿业大学学报:社会科学版,2022,24(1):107—122.

[67]Zhang J,Li F,Ding X. Will Green Finance Promote Green Development:Based on the Threshold Effect of R&D Investment[J]. Environmental Science and Pollution Research,2022,29(40):60232—60243.

[68]丁志刚,许惠玮,徐琪.绿色信贷支持下供应链低碳技术采纳决策研究[J].软科学,2020,34(12):74—80.

[69]Ling X,Yan L,Dai D. Green Credit Policy and Investment Decisions:Evidence from China[J]. Sustainability,2022,14(12):70—88.

[70]Li S,Zhang W,Zhao J. Does Green Credit Policy Promote the Green Innovation Efficiency of Heavy Polluting Industries?—Empirical Evidence from China's Industries[J]. Environmental Science and Pollution Research,2022,29(31):46721—46736.

[71]王明喜,胡毅,郭冬梅,等.碳税视角下最优排放实施与企业减排投资竞争[J].管理评论,2021,33(8):17—28.

[72]Richstein J C,Neuhoff K. Carbon Contracts-for-difference:How to De-risk Innovative Investments for a Low-carbon Industry? [J]. Iscience,2022,25(8):112—119.

[73]楼高翔,张洁琼,范体军,等.非对称信息下供应链减排投资策略及激励机制[J].管理科学学报,2016,19(2):42—52.

[74]樊文平,王旭坪,刘名武,等.零售商持股制造商减排投资的供应链协调优化研究[J].系统工程理论与实践,2021,41(9):2316—2326.

[75]Banda W. A Real Options Based Framework for Assessing the International Attractiveness of Mining Taxation Regimes[J]. Resources Policy,2021(74):102—114.

[76]Biancardi M,Bufalo M,Di Bari A,et al. Flexibility to Switch Project Size:A Real Option Application for Photovoltaic Investment Valuation[J]. Communications in Nonlinear Science and Numerical Simulation,2023(116):1—14.

[77]赵文会,高姣倩,宋亚君,等.基于供应链的电力行业碳减排投资决策[J].科技管理研究,2017,37(4):242—249,259.

[78]黄帝,陈剑,周泓.配额-交易机制下动态批量生产和减排投资策略研究[J].中国管理科学,2016,24(4):129—137.

[79]Liu Y,Xu L,Sun H,et al. Optimization of Carbon Performance Evaluation and Its Application to Strategy Decision for Investment of Green Technology Innovation[J]. Journal of Environmental Management,2023(325):1—16.

[80]Balibrea-Iniesta J,Rodríguez-Monroy C,Núnez-Guerrero Y M. Economic Analysis of the German Regulation for Electrical Generation Projects from Biogas Applying the Theory of Real Options[J]. Energy,2021(231):1—10.

[81]Polat L,Battal U Ü. Airport Infrastructure Investments and Valuing Expansion Gecisions Using the Compound Real Option Approach[J]. Journal of Air Transport Management,2021(91):1—10.

[82]郭莉,张旺,马倩,等.新基建背景下基础设施工程投资价值评估研究——基于分阶段实物期权方法的分析[J].价格理论与实践,2021(2):170—173,175.

[83]Alibeiki H,Lotfaliei B. To Expand and to Abandon:Real Options Under Asset Variance Risk Premium[J]. European Journal of Operational Research,2022,300(2):771—787.

[84]Zmeškal Z,Dluhošová D,Gurný P,et al. Generalised Soft Multi-mode Real Options Model (fuzzy-stochastic approach)[J]. Expert Systems with Applications,2022(192):1—9.

[85] Ersen H Y, Tas O, Ugurlu U. Solar Energy Investment Valuation With Intuitionistic Fuzzy Trinomial Lattice Real Option Model[J]. IEEE Transactions on Engineering Management, 2023, 70(7): 2584—2593.

[86] 尹国俊, 徐凯. 基于模糊实物期权的众创空间价值评估研究——以创业黑马为例[J]. 科技管理研究, 2021, 41(14): 65—72.

[87] 王喜平, 郗少媛. 碳交易机制下供应链CCS投资时机研究[J]. 管理工程学报, 2020, 34(2): 124—130.

[88] Najafi P, Talebi S. Using Real Options Model Based on Monte-Carlo Least-Squares for Cconomic Appraisal of Flexibility for Electricity Generation with VVER-1000 in Developing Countries[J]. Sustainable Energy Technologies and Assessments, 2021(47): 1—12.

[89] 王素凤, 杨善林, 彭张林. 面向多重不确定性的发电商碳减排投资研究[J]. 管理科学学报, 2016, 19(2): 31—41.

[90] Bakker S J, Kleiven A, Fleten S E, et al. Mature Offshore Oil Field Development: Solving a Real Options Problem Using Stochastic Dual Dynamic Integer Programming[J]. Computers & Operations Research, 2021(136): 1—11.

[91] 张新华, 黄天铭, 甘冬梅, 等. 考虑碳价下限的燃煤发电碳减排投资及其政策分析[J]. 中国管理科学, 2020, 28(11): 167—174.

[92] 蔡小哩, 丁志刚, 晚春东. 碳交易风险下高耗能企业低碳技术采纳时机决策[J]. 企业经济, 2018, 37(6): 19—24.

[93] 丁志刚, 陈涵, 徐琪. 碳交易与碳税双重风险下供应链低碳技术采纳时机决策研究[J/OL]. 软科学, 2020, 34(7): 101—107.

[94] 王小鹏, 马振辉, 柯甜甜. 基于技术视角的页岩气项目实物期权模型[J]. 系统工程, 2023, 41(1): 38—45.

[95] Ofori C G, Bokpin G A, Aboagye A Q Q, et al. A Real Options Approach to Investment Timing Decisions in Utility-scale Renewable Energy in Ghana[J]. Energy, 2021(235): 1—9.

[96] Ma Y, Chapman A C, Verbic G. Valuation of Compound Real Options for Co-investment in Residential Battery Systems[J]. Applied Energy, 2022(318): 119111.

[97] Owen R, Brennan G, Lyon F. Enabling Investment for the Transition to a Low Carbon Economy: Government Policy to Finance Early Stage Green Innovation[J]. Current Opinion in Environmental Sustainability, 2018(31): 137—145.

[98] Xia X, Chen W, Liu B. Optimal Production Decision and Financing Strategy for a

Capital-Constrained Closed Loop Supply Chain under Fairness Concern[J]. Journal of Cleaner Production,2022(376):134256.

[99]杨浩雄,贾怡萌,周永圣,等.产出不确定条件下农产品供应链内部融资研究[J].系统科学与数学,2023,43(4):914—928.

[100]史金召,焦文欢,杜强,等.双向碳减排成本分担下资金约束供应链契约协调研究[J].系统科学与数学,2023,43(5):1225—1241.

[101]张李浩,王嘉燕,陈靖.基于零售商资金约束供应链采用RFID技术的决策及融资分析[J].控制与决策,2022,37(3):701—711.

[102]Sunio V,Mendejar J. Financing Low-carbon Transport Transition in the Philippines: Mapping Financing Sources,Gaps and Directionality of Innovation[J]. Transportation Research Interdisciplinary Perspectives,2022(14):100590.

[103]陈伟达,史文瑾.资金约束下考虑碳配额质押融资的制造/再制造生产决策研究[J].工业工程,2019,22(3):1—8.

[104]张艳丽,胡小建.碳限额政策下考虑制造商资金约束的供应链决策研究[J].合肥工业大学学报:自然科学版,2022,45(10):1413—1421.

[105]李波,王敏学,安思敏.低碳努力下资金约束供应链的融资选择策略研究[J].管理工程学报,2021,35(2):211—220.

[106]周涛,陶明,孟祥倩.碳交易规制下考虑资金约束的制造商低碳融资策略研究[J].金融理论与实践,2022(9):44—56.

[107]蔡敏,骆建文.资金约束制造商的最优融资与质量决策[J].系统管理学报,2022,31(2):230—240.

[108]Qin J,Fu H,Wang Z,et al. Financing and Carbon Emission Reduction Strategies of Capital-constrained Manufacturers in E-commerce Supply Chains[J]. International Journal of Production Economics,2021(241):108271.

[109]Wang M,Zhao R,Li B. Impact of financing models and carbon allowance allocation rules in a supply chain[J]. Journal of Cleaner Production,2021(302):126794.

[110]李莉英,刘光安,李小兵,等.考虑风险规避和资金约束的低碳供应链决策研究[J].计算机科学,2022,49(S2):950—955.

[111]刘春怡,尤天慧,曹兵兵.考虑风险与资金约束的闭环供应链定价与回收决策[J].东北大学学报:自然科学版,2020,41(6):902—908.

[112]尤天慧,刘春怡,曹兵兵.考虑成员风险态度的零售商资金约束闭环供应链定价与回收决策[J].运筹与管理,2021,30(4):10—17.

[113]史思雨,孙静春,邓飞.风险规避型零售商资金约束下双渠道闭环供应链的定价决策[J].运筹与管理,2021,30(4):1—9.

[114]曹宗宏,张成堂,赵菊,等.基于资金约束的风险厌恶制造商融资策略和渠道选择研究[J].中国管理科学,2019,27(6):30—40.

[115]Wu T,Kung C C. Carbon Emissions,Technology Upgradation and Financing Risk of the Green Supply Chain Competition[J]. Technological Forecasting and Social Change,2020(152):119884.

[116]Spasenic Z,Makajic-Nikolic D,Benkovic S. Risk Assessment of Financing Renewable Energy Projects: A Case Study of Financing A Small Hydropower Plant Project in Serbia[J]. Energy Reports,2022(8):8437—8450.

[117]Gu G,Zhang W,Cheng C. Mitigation Effects of Global Low Carbon Technology Financing and its Technological and Economic Impacts in the Context of Climate Cooperation[J]. Journal of Cleaner Production,2022(381):135182.

[118]Xing X,Pan H,Deng J. Carbon Tax in A Stock-flow Consistent Model: The Role of Commercial Banks in Financing Low-carbon Transition[J]. Finance Research Letters,2022(50):103186.

[119]Yu L,Zhang B,Yan Z,et al. How Do Financing Constraints Enhance Pollutant Emissions Intensity at Enterprises? Evidence from Microscopic Data at the Enterprise Level in China[J]. Environmental Impact Assessment Review,2022(96):106811.

[120]Luo C,Wei D,He F. Corporate ESG Performance and Trade Credit Financing-Evidence from China[J]. International Review of Economics & Finance,2023(85):337—351.

[121]Lu Y,Gao Y,Zhang Y,et al. Can the Green Finance Policy Force the Green Transformation of High-polluting Enterprises? A Quasi-natural Experiment Based on "Green Credit Guidelines"[J]. Energy Economics,2022(114):106265.

[122]Al Mamun M,Boubaker S,Nguyen D K. Green Finance and Decarbonization: Evidence From Around the World[J]. Finance Research Letters,2022(46):102807.

[123]张涛,吴梦萱,周立宏.碳排放权交易是否促进企业投资效率?——基于碳排放权交易试点的准实验[J].浙江社会科学,2022(1):39—47,157—158.

[124]刘双柳,陈鹏,程亮等.碳税和碳排放权交易制度协同应用研究[J].环境污染与防治,2022,44(12):1682—1685.

[125]Ding S,Zhang M,Song Y. Exploring China's Carbon Emissions Peak for Different Carbon Tax Scenarios[J]. Energy Policy,2019(129):1245—1252.

[126]骆瑞玲,范体军,夏海洋.碳排放交易政策下供应链碳减排技术投资的博弈分析[J].中国管理科学,2014,22(11):44—53.

[127]曹细玉,张杰芳.碳减排补贴与碳税下的供应链碳减排决策优化与协调[J].运筹与管理,2018,27(4):57—61.